叢書
現代の社会学とメディア研究
第4巻

マスコミュニケーションの新時代

小田原 敏、アンジェロ・イシ 編著

北樹出版

叢書・現代の社会学とメディア研究　刊行にあたって

　20世紀を通じて社会学は、めまぐるしい社会の変容に対応しながら次々に新しい領域を開拓し、時代の最先端を担う知の体系として発展してきた。それはたとえば、ジェンダー、エスニシティ、階級・社会階層、文化、身体・心性など、他の研究領域では扱いえない、または本質に迫りえない問題の数々を正面から扱う研究領域として、ますます大きな役割を果たすものとなっている。

　そして21世紀の今日、情報技術の高度化に伴うメディアの多様な発展と、社会の変容が、社会学の重要な研究対象として立ち現れ、既存の社会学の体系は見直しを迫られている。これまでの研究のさらなる発展・進化とともに、メディア研究を社会学のなかにあらためて位置づけることが求められているのである。

　すでに日本のいくつかの大学でも、従来からある社会学系学部にメディア研究を目指す学科を設置するなどして、こうした新しい社会学研究とその成果を生かした社会学教育が始められている。この叢書が目指すのは、これまでの社会学の蓄積に新しいメディア研究を接合し、体系化して広く世に知らせることである。

　もとより、完成された体系を提示しようとするあまり、社会の最新動向や新しい研究の試みを切り捨てることは望まない。むしろこれらを進んで取り上げ、鋭く問題提起していきたい。そして最先端でありながらも、入門者や市民に開かれたものでありたい。本叢書が、社会学とメディア研究の一層の発展に寄与するとともに、広く人々の関心に応えるものとなることを期待している。

叢書・現代の社会学とメディア研究　編集委員会

はじめに

　本書は、20世紀に電子メディアが登場、普及し、瞬く間に社会や個人へと広がりをみせたが、20世紀末にインターネットが普及し始め、それまでのマスコミュニケーション状況を相対化し始めた、という前提に立ち、新時代のマスコミュニケーションを考えるために編まれた。

　基本的な視座は、20世紀の大衆（マス）は現代までどう変化してきたのか、20世紀のマスメディアは、ネットによる相対化で何を浮き彫りにしているのか、そして、社会全体のマスコミュニケーションをどうとらえなおすのか、というところにある。

　1章では、まずマスコミュニケーションを担う人々に焦点を当て、2章では受け手側からコンテンツの見方を扱う。3章では、今でもメディアの代表格であるテレビのジャーナリズム機能について考え、4章では、既存マスメディア相対化の原因となったインターネットとジャーナリズムについて実例をあげながら考えている。5章は、マスメディアが大きな影響力をもっていた音楽消費について、パソコンとポータブル音楽再生機による個人化の側面を、6章では、20世紀マスメディアの存立基盤となっている広告がインターネットによりどう変わっているのかを扱っている。7章では、そもそも電子メディアを生み出したテクノロジーの側面を見、最後の8章では、グローバル時代にどのような問題が惹起されているのか、を考える。

　これら各章の視点や問題は、あくまでも、今、そしてこれから先のマスコミュニケーションのさまざまな問題を考えていく上での重要なヒント、素材となるものである。

　一見無関係のように見えるマスコミュニケーションをめぐる問題や課題は、

実は同じ根っこをもつ可能性もある。たとえば音楽の楽しみ方の変化とネットジャーナリズムは、別々な問題のように見えるが、個人の動機や好みでメディア情報を選び取り、自分で編成するという点では似通った情報行動である。さらにはこうしたことを可能にするのもメディアテクノロジーである。

　マスコミュニケーションに興味をもつ方が、本書の各章を読み進めながら有機的に結びつけ、その意味、意義を考えていただけたらさいわいである。

編　者

■■■ 目　　次 ■■■

序　マスコミュニケーションの新しい時代【小田原　敏】……………… *02*

 1. "マスコミュニケーション"の成立　*02*
 2.「マス＝大衆」の実体と現在　*03*
 3. あらたなマスコミュニケーション社会　*05*
 4. これまでのマスメディアが相対化される　*08*
 5. コミュニケーションの新しい時代　*10*

第1章　マスコミュニケーションを担う人々
   ——プロフェッショナリズムとアマチュアリズム【小玉美意子】…… *12*

 0. はじめに　*12*
 1. マスコミュニケーションとマスメディア　*12*
  1-1：戦前のマスコミュニケーションで働いた人々(*13*)
  1-2：高度成長期以降(*13*)　1-3："主流の人々"(*14*)　1-4：情報源も"主流の人々"(*15*)
 2. 現実の制作者たち　*16*
  2-1：制作会社(*16*)　2-2："主流の人々"の仕事(*18*)
  2-3：メディア境界の流動化とマスコミ概念の希薄化(*20*)
 3. プロフェッショナリズムとアマチュアリズム　*21*
  3-1：シェア・コミュニケーション(*21*)　3-2：ケア・コミュニケーション(*21*)　3-3：プロフェッショナリズムとアマチュアリズム(*22*)

第2章　マスコミとどう向きあうか
   ——メディアコンテンツをどう見るのか【山下玲子】……………… *24*

 0. はじめに　*24*
 1.「見せたい／見せたくない」のはざま　*24*
  1-1：「見せたくない」番組は「見てない」番組？(*24*)

1-2：なぜ続く「見せたくない」番組 *(26)*
　　　1-3：「見せたい」番組のもうひとつの顔 *(27)*
　　　1-4：中身を知ることの大切さ *(29)*
　2.「悪影響」という神話　*30*
　　　2-1：「悪影響」の正体は？ *(30)*　2-2：目に見える影響、見えない影響 *(32)*　2-3：メディアの影響を科学するむずかしさ *(33)*
　3.「批判的」に見ることの落とし穴　*34*
　　　3-1：客観報道と御用学者 *(34)*　3-2：自分以外はみんなバカの心理 *(35)*　3-3：総意は得てして身内ひいき *(36)*
　　　3-4：マスメディアが「マス」であることの意義 *(37)*

第3章　テレビジャーナリズムの昨日と今日
　　　　　──マスメディアと大衆の乖離【永田浩三】……………… *42*

　0.　はじめに　*42*
　1.　マスゴミって何だろう　*43*
　2.　大本営発表と揶揄される　*44*
　3.　そもそも放送は通信から始まった　*45*
　4.　放送は政策を国民に知らせる道具なのか　*46*
　5.　公正原則は呪縛か自由を担保するものか　*48*
　6.　放送は愛国的でなければならないのか　*49*
　7.　エド・マローでさえも水爆実践を否定しなかった　*51*
　8.　テレビは国境を越えられない？　*51*
　9.　日本のテレビジャーナリズムのたどった道　*52*
　10.　改めて2013年のテレビジャーナリズムを考える　*53*

第4章　インターネットとジャーナリズム
　　　　　──誰でもニュースを伝えられる時代のメディアのありかた【奥村信幸】… *57*

　0.　はじめに　*57*
　1.　インターネットがもたらしたインパクト　*58*

1-1：「国民総表現社会」が来た（58）　1-2：ニュースの消費が変わった（59）　1-3：ソーシャルメディアで「シェア」されるニュース（59）

2. ネットのニュースビジネスの可能性　60

2-1：新聞やテレビは「終わったコンテンツ」？（60）
2-2：ジャーナリストが消えていく（61）　2-3：ビジネスモデルの壁（62）

3. ネットを使った新しいジャーナリズム　64

3-1：マルチ・プラットフォームを目指す（64）　3-2：プロパブリカ（67）　3-3：ハフィントン・ポスト（67）

4. 変わらないジャーナリズムの価値　69

4-1：「コソボは独立していない」問題を克服するには（69）
4-2：新しく起きている問題と新しいジャーナリズム（70）

第5章　音楽聴取の個人化
―― ウォークマンとiPodが象徴するもの【南田勝也】 …………… 72

0. はじめに　72
1. 現代社会学のキーワードとしての「個人化」　73
2. 共同の音楽　74
3. 聴取の個人化の二段階　76
4. サウンドスケープの個人的選択　79
5. 音楽の聴かれ方の変遷　82
6. 共同体の希求　83

第6章　デジタルメディア社会における広告の展開【中橋　雄】………… 88

0. はじめに　88
1. 広告をどのようにとらえるか　89

1-1：広告の果たしてきた役割（89）　1-2：広告費の推移（91）
1-3：広告概念の拡張（93）

2. 研究対象としての広告　95

    2-1：広告研究に関するメタ研究（95）　2-2：社会学的な研究のアプローチ（97）　2-3：広告のイデオロギー分析（98）
  3. デジタルメディア社会における広告研究の可能性　100
    3-1：インターネット広告の展開（100）　3-2：インターネット広告の種類（101）　3-3：ソーシャルメディアと広告（102）
  4. 広告研究に求められること　104

第7章　テクノロジーとメディア【小田原　敏】……………………106
  0. はじめに　106
  1. 電子テクノロジーとメディア　107
    1-1：電子メディアを生み出した考え方とテクノロジー（107）　1-2：電子メディアの基礎的発明をしたのは日本人だった（108）　1-3：tele技術が次々に生まれる（111）　1-4：耳から目へ　音から映像へ（113）
  2. マスメディアの攻防とテクノロジー　115
    メディアはただの「乗り物」にすぎない（117）
  3. コミュニケーション・テクノロジーとマスコミュニケーション　119

第8章　ブラジルから考えるメディアの
　　　　「グローバルとローカル」【アンジェロ・イシ】……………122
  0. はじめに　122
  1. 映画から考えるグローバルとローカル　123
  2. 「3.11」の報道から考えるグローバルとローカル　125
    2-1：津波を描いた風刺画の波紋（125）　2-2：ブラジルのメディアが伝えた「3.11」（129）
  3. 誰のためのテレビニュースなのか　131
  4. おわりに：問われる「マス」メディアの使命　135

マスコミュニケーション
の新時代

マスコミュニケーションの新しい時代

❶ "マスコミュニケーション"の成立

　「操觚界」という言葉を現代ではほとんど聞くことがなくなった。操觚の觚というのは、元々四角の木札のことで、古代中国では、これに文字を書いたことから、文筆に従事すること、さらに転じてジャーナリズムをも指す言葉となった。しかしながら、19世紀までは、かつての文学がそうであったように、文筆を担うのもそれを消費するのも、いわゆる知識人階層、支配層に限られていたため、全社会的なものとしての意味合いは薄かった。

　しかし、20世紀に入り、前世紀までに大きく産業化された新聞が、さらに高速輪転機印刷による大量印刷で全国紙化するとともに、従来読者ではなかった層を取り込んで、巨大な新聞購読者層を生み出した[1]。これには産業構造の変化、つまり工業化に伴う都市労働者、都市住民の急増とともに、消費者としての大衆が形成されていったことにも関係がある。大衆＝消費者に向けた広告媒体としてのメディアに多額の広告費が流れ込んだことは、結果的にマスメディアという一大産業を成立させることになった。

　第二次大戦前は新聞とラジオが中心であったのに対し、戦後はこれらに加え、テレビという巨大メディアが伸長していく。階層や性別、さらには都市や山村という物理的な地域性に関係なく、大きなコミュニケーションの仕組みが成立すると、そこには結果として「マス」＝「大衆」という大きなかたまりができあがった。ここで使われる「マス」は、単に知識人や支配階層に対する階層としての大衆という意味ではなく、それらすべてを包含したメディアに包み込まれた社会構成員全体を指す。

　ラジオやテレビだけでなく、現代のインターネットなどにも共通する特性だ

が、電子メディアが生み出した大衆の性質でもっとも特徴的なのは、その匿名性であり、20世紀のラジオやテレビが生み出したのは、匿名の巨大集団だった[2]。

　ラジオとテレビというふたつの電子メディア、とくにテレビは第二次世界大戦により一時的に研究開発、機器の生産と普及が足踏みしたが、戦後これらは急速に普及していった。そして戦後すぐ、ユネスコは憲章（1945）の第1条に「マスコミュニケーション」という言葉を使い[3]、世界中の国々にマスコミュニケーション時代の到来を示したのだった。

❷　「マス＝大衆」の実体と現在

　19世紀頃までの新聞や雑誌の購読者は、たとえば知識層であったり、特定の趣味や嗜好からくる読者集団だったりで、いわば可視的であり、「想定可能な受け手集団」であった。しかし、電子メディアが普及すると、この状況は一変する。仮に、視聴者がテレビというメディアに釘付けになっているとする。しかし、それぞれの視聴者には同じものを見ている他の視聴者、その実像、全体像はまったく見えていない。たとえばテレビで「これが今一番の人気だ」とされれば、「世の中の皆が好きなのだろう」と勝手に想像する。この場合の「皆」は実は想像上の「皆」であり、匿名の集団なのである。これが「マス」の正体であり、この想像上の他者の集団、匿名の集団の存在を、メディアにふれる全員が共有させられていったわけである。マスコミュニケーションの根本的な問題は、この想像上の匿名集団が実体はないが影響力はある、という不可思議なはたらきをすることから生まれる。たとえば、大量消費時代の流行現象は、マスメディアが流行を生み出すきっかけとなる情報を流し、その情報に受け手が接する。一部にその流行を取り入れた人たちがいて、それをメディアが取り上げると今度は追随して取り入れる人たちが現れる。メディアや身の回りで同じ傾向を示す人たちが出てくると最後は遅れまいとして取り入れる人たちが出てくる。ロジャースの普及論はこのような多段階の普及・流行を図式化しているが、

この現象にマスコミュニケーションにおける想像上の匿名集団が、普及を促進する力として働いたことは明らかであろう。

長いあいだ、マスコミュニケーション研究やジャーナリズム研究は、日本では新聞研究と呼ばれていた[4]。1931年に小野秀雄は、新聞には「媒介機能」があるとし、これは、空間的に散在する諸個人が心理的に結合された公衆に形成されていく過程を媒介する機能だと指摘した（小野1931）。

これを、個人レベルに落とし込んだものが、電話についても語られている。アロンソン（Aronson, S. H.）は、産業化と都市化のもとで、地理的な隣人より電子的ネットワークによって結びつけられた隣人（心理的近隣）の方がより重要になり、社会的なネットワークも物理的な地域とは無関係に成立するようになった、という指摘をしている（Aronson 1971）。

簡単に言い換えれば、メディアは個々人を心理的に結びつけ、物理空間でのコミュニティーではなく、想像上のコミュニティーに組み込む機能があるということだ。インターネット全盛の現代でも、インターネット上ないしは電子コミュニケーションで結ばれた「コミュニティー」という表現はどこでも目にする。かつては地理的なコミュニティーを指したものが、今では、「コミュニティー」といった場合、最初に思い浮かべられるのが電子空間上のコミュニティーのことになっている。その先駆けは新聞や電子メディアである電話、ラジオ、そしてテレビであった。

以上の経緯を単純化してみると、紙を媒体とする新聞によってパブリック（公衆）が成立し、戦後、電子メディアであるラジオ、テレビが急速に普及し、ほとんどすべての社会構成員を飲み込みマス（大衆）が形成された、と言える[5]。とくに、第二次世界大戦後多くの国々で工業化が進み、工業製品が大量に生産された。この消費者は当然大衆であり、大衆はマスメディアによって方向づけられ、多くのメディア情報を共有するとともに、消費そのものを担っていった。メディアに消費の起爆剤となる広告が増え、広告費がメディアを支えるようになると、マスメディアの産業的規模、社会的存在の大きさは戦後の短期間に急速に大きくなった。

しかし、20世紀末にインターネットが広がり、個々人が従来のマスメディアだけではなく、多様な情報を多様なルートで得始めると、それまでの大衆とは異なった様相を呈するようになってきた。マスメディアの受け手としての側面もなくなったわけではないが、かといってインターネット以前のマスメディア独占時代のマスでもなくなった。現代は大衆が一枚岩のようなものではなく、興味や思想、求める情報によって情報行動が多様化し、その結果、マスはレイヤー状に多層的に重なった集合体になってきたと表現できよう。

③ あらたなマスコミュニケーション社会

　インターネットの世界的広がり、官公庁、会社、団体だけでなく、世界中の個人への急速な浸透は、情報が世界中どこにいても瞬時に得られ、組織、団体、個人は地球上の場所を問わず多様なコミュニケーションが可能になり、どこにいても安価にリアルタイムコミュニケーションがとれる、という究極の便利さをもたらした。これは、アナログ技術時代の「従量制」という量と運ぶ距離で料金が決まっていた時代とはまったく異なるものだ。たとえば、海外向けのカード、エアメール、エアログラム、それぞれ記載できる文字量、情報量は違う。エアログラム以外は送付先の地域によって料金が異なる。つまり運ぶ情報の量と距離で料金が決まっていたのだ。これがインターネットになると、隣の席にいる人にメールを出そうと、地球の反対側にいる人に出そうとまったく変わらないということになる。さらには、短いメールでも、本1冊分もある文字量でも、動画でも、写真でも、そして通話でも、テレビ電話でも、デジタルデータにできるものであれば、何でも送ることができるようになった。もちろん、プロバイダに一定金額の利用料さえ支払えば。このことが何をもたらしたかと言えば、従量制がもたらしていた距離や情報量といった制限を、実質的に取り払ってしまったのだ。この結果、情報をやりとりする手段として地球上の多くの人間たちが、急速にインターネットを使うようになった。2010年代でも毎年1億人ずつ利用者が増えている。

ここまで電子的ネットワークが地理的広がりと企業や個人への浸透をしていくと、それまでのマスメディア時代とはまったく異なった動きも頻繁に出てくるようになった。

　たとえば 2006 年、イスラム教の預言者ムハンマドを、ターバンにダイナマイトを刺したテロリストとして描いたデンマークでの風刺画が、それを問題視したイスラム教徒たちの手で怒りの情報とともに世界中を瞬時にかけめぐり、そのことがきっかけで世界各地で抗議行動、暴動、殺人が起きた。この事件により世界中で 139 人が死亡したという (Davidow 2011)。この事件で見えたのは、宗教など共通の思想や考えをもつ人々は、世界中散在していても、一瞬で大きな「マス」となって動くことと、それが強い感情的情報を付随したものであればあるほど、異常なほど急速に広がりを見せること、そしてもっとも重要なことは、「その情報の真意や出された文脈を立ち止まって熟考する時間もなく」情報が広がり、それが、状況を秩序づける方向に向かわせるのではなく、逆に一種の社会的カオスへと導いてしまうことだ。

　これと同種の事件は、今もメディアで言及されることの多い「リーマンショック」だ。事の発端は、もちろんリスクを隠した金融商品の破綻だが、それを全世界的な経済不況までにしたのは、各国の銀行や投資家などの直接利害が絡む組織だけではなく、その情報を強度の不安とともに摂取した世界中の多くの個人であった。このことは、インターネットに長く関わってきて、その危険性をあげて話題になったダヴィドウも、この状況は過剰結合 (Over Connected) なのだと指摘している。

> いまではインターネットが物理的な結びつきをより強固で効率的なものにしている。この"二一世紀の情報化社会の神経網"は、情報を事実上ただで効率よく運び、かつて独立していたシステムどうしを結びつけては相関関係を強めていく。その結果、社会に存在する正のフィードバックは大幅に増幅される。事故が起きやすく、激しやすく、感染に対して脆弱な社会は、こうして生み出されるのである。(Davidow 2011 = 2012：61)

彼の言う正のフィードバックは、価値判断としてのプラスマイナスではなく、増幅させるか否かという数学的な言い方、また、感染というのは、株式市場の動向に関する思惑とも言える「経済的感染」や、事象の見方や考え方の「思考感染」などがあり、いずれもネットワークによって広められるものだという。引用部をわかりやすく言い直せば、インターネットというほぼ無料の電子神経網は、社会のあらゆるものを相互に堅く結びつけてきたため、結果的にブレーキなしのアクセルだけという状況になり、感情、不安、思惑などさまざまな流布とそれに瞬時に染まってしまう社会をも生み出しているということだ。これは、インターネットを付加した新しいマスコミュニケーションの仕組みをもつ現代社会の負の面である。

　新聞の時代には、事件や問題の発生からそれが取材され、記事になり、意味づけがなされ、報道され、読まれるまでにそれぞれの段階にタイムラグがあり、それぞれに人間の解釈や位置づけの作業が加わっていた。しかし、ラジオ、テレビの電子メディア時代では、速報性、リアルタイム性（ライブ）が重視され、情報の通過点にいる人間たちの編集や介在が相対的に小さくなった。もちろん、ラジオにもテレビにも編集という行為は依然残っているが、ライブ重視、速報重視、そして何より公式に流される発表情報に大きく依存するようなニュース生産の体制からは、活字メディア時代の「ある程度の時間をかけた熟考」は不可能になっている。

　そしてインターネットでは、テレビよりもさらに速い、一瞬のタイムラグも許さない「速さ」が情報流通の基本とさえなった。多くの情報が吟味されず、意味づけられず、光速で世界中をかけめぐる、そんな状況が現代のメディア社会の特徴となっている。情報源から個人までの情報の到達時間は極端に短縮されたが、その分有用な情報の陰に誤報やデマ情報も頻繁に混じり込むようになったことは現代のわれわれもよく知っている。

④ これまでのマスメディアが相対化される

　20世紀に繁栄を極めた新聞、ラジオ、テレビといったマスメディアは、インターネットが登場したことで、その意味が問い直されようとしている。相対化されるということは、従来のものに代わるものが登場し、それまでのものを再確認させる、ということである。

　インターネット登場でもっとも影響を受けるのは、情報集約型の構造をもつものである。インターネットは実質無料で情報を運ぶ、しかも最速で。この特性を考えるなら、従来発表された情報をかき集め、それを紙に印刷し、受け手まで運ぶ、という仕事を担っていた新聞がもっとも影響が大きい。事実アメリカでは、これまで地方都市単位で町や市の新聞が発行されてきたが、サンフランシスコ、デンバー、シアトルといった大きな都市では廃刊が相次ぎ、その都市で1紙のみがかろうじて残るか、あるいはその1紙も廃刊の危機にあるところもある。

　こうした新聞の凋落は、もともとの情報が各新聞社オリジナルな情報であれば、ネットに奪われることはないが、今では受け手の多くが知るところとなっている「記者クラブ」[6]やそれに類似したところで発表されたニュースを、電話等で補完取材して記事にしたり、他のメディアで報じた内容を追加取材したりすることがほとんどで、ニュースのほとんどが発表もの、予定もの（あらかじめ会合や行事が決まっているもの）で占められている。日本でも海外でも程度の差こそあれ、事情は似ている。これらのニュースは、単に発信者（情報源）から受け手へ新聞が運んでいただけだったため、ネットにこの役割を簡単に奪われることとなった。ただ、気をつけなければならないのは、現在、ネットに掲載されているニュースは、新聞社か通信社が発信したものが圧倒的多数であり、その意味では皮肉なことである。新聞という形のメディアはその必要性が薄れつつあるが、ニュースそのものを書くという行為は、未だに新聞社、通信社が担っているのだ。

　このメディアの相対化はテレビについてもいえる。人々のメディア利用がイ

ンターネットへとシフトしていくと同時に、広告費も移動した。第6章に細かく記載されているが、メディアごとの広告費では2004年にインターネット広告費がラジオを抜き、その後、雑誌広告、そして新聞を抜いた。このことはそれぞれのメディアを運営していくための費用が、インターネットへと流れてしまったことを意味する。ラジオで言えば、番組制作費は減り、費用のかかる番組は作りにくくなった。雑誌も、発行部数の少ない雑誌は、広告効果が期待できないため廃刊を余儀なくされ、大部数を誇る雑誌も広告収入が減る以上、制作費が従来通りには出せなくなっている。

　これはテレビにもそのままあてはまる。NHKを除いて広告費で制作費用をまかなうテレビは、これまで番組制作に莫大な費用を充ててきた。それがかなりの割合で減り続け、ネットへと移動しているのだ。こうなると、テレビ番組そのものをより安価に作る必要が出てくる。もちろん金のかからない良質の番組もないことはないが、制作費用削減はダイレクトに番組そのものの出来に直結する。「つまらない番組が増えた」というのは、もちろん見る側のテレビ視聴の価値枠組みが変化した結果かもしれないが、テレビ番組自体が変化した側面も否定できない。放送時間＝放送番組数がほぼ一定である以上、広告費減少はほとんどすべての番組制作費を減らしたはずで、そのため安くあげるひとつの手法として、たとえば出演料の安い芸人多用で、取材や制作自体に金のかからないバラエティー番組を増やしたことにもつながり、総じて「つまらなくなった」という視聴者側の反応にもつながっていると考えることもできる。

　もちろん広告費、制作費の問題だけではなく、人々がインターネットを多用してくると、テレビを見る必要がなくなってくる、といったようなメディア行動の変化も出てくる。そうなると、テレビはいったい何なのかと存在意義そのものを疑問視するところまでいく。もともとメディアにはそれぞれに規範があり、価値枠組みが存在する。テレビではテレビらしい建前が言われるが、ネットにはテレビにない規範、つまり何をしても何を言っても自由というような暗黙の了解がある。

　こうしたいろいろなことが、新しいメディアを手にした瞬間、比較対象とし

て見えてくるわけだ。ニュースのところへ戻って言えば、「今まで摂取していたニュースはいったいどういうものだったのか」や「これまでテレビでは当然とされてきたことは、よく考えてみるとどうなのか」といったことに行き着いてしまうのだ。

⑤ コミュニケーションの新しい時代

　もともとの「メディア」の意味には媒介だけでなく、「共有する」という意味がある。20世紀末まで、私たちは新聞、ラジオ、テレビといった大きなメディアの流す情報を摂取し、それを共有してきた。その意味ではマスメディアが流す情報を社会構成員全員が共有してきた、あるいは共有させられてきたともいえる。

　現在ネット上にあふれる「共有」の文字。パソコンの多くのソフトにさえ独立した「共有」のメニューが存在する。これは明らかに、20世紀の共有という行為とは異なったものである。共有は想像の共同体を形成する重要な手段でもある。しかし、現代の共同体は、その社会でひとつの塊、ひとつのイメージではなく、多様で、多層で、かつ不定形である。

　本書では、こうして変化してきたマスメディア、マスコミュニケーションを前提に、わかりやすく解説していくとともに、インターネットにより転換点を過ぎたマスコミュニケーションの新時代をどう考えていくかに重点が置かれている。マスコミュニケーションを担っている人々、ジャーナリズムの課題や問題性、テレビ番組をめぐる分析の行方、音楽をめぐるメディアと文化の問題、メディア技術と変容、グローバル化とメディアの問題と、マスコミュニケーションの新しい時代を考えてみる多様な素材を並べた。

　これらの視点やヒントから、今そしてこれから先のマスコミュニケーションをどう考えるかは、読者のみなさんが考える章になる。

（小田原　敏）

【注】

(1) もちろんこの過程は、単純なものではなく、たとえば第二次世界大戦時の新聞用紙規制、言論統制を伴う新聞統合が市町村単位の町新聞を廃刊に追い込み、全国紙の伸長を助けたというようなことにもよる。
(2) H. Blumer は、*The Process and Effects of Mass Communication*（1954）において、「マスは匿名の集団であり、もっと正確に言うならば、匿名の個人から成っている。」と指摘した。
(3) ユネスコの目的および任務について、第1条で「マスコミュニケーションのあらゆる方法を通じて諸人民に相互に知り且つ理解することを促進する仕事に協力すること並びにこの目的で言語及び表象による思想の自由な交流を促進するために必要な国際協定を勧告すること。」と表記している。
(4) 1951年に設立されたマスコミュニケーションやジャーナリズムに関する「日本新聞学会」は、その研究対象も新聞に限らず、テレビ、広告、そして電子コミュニケーションへ広がっていたが、「新聞」をニュースペーパーと誤解されることを避ける意味もあって1993年に「日本マス・コミュニケーション学会」に名称変更した。
(5) これまでの研究では、公衆は主に世論形成の社会的相互作用の文脈で多用され、大衆は大量生産商品の消費の消費主体、マスメディアの受け手としての文脈で使われてきた。もちろん、それぞれに批判的な理解、用法がある。
(6) マスメディアの記者たちが官公庁や経済団体などに置いた親睦組織の一般名称。実質は官公庁や団体から情報を一元的に収集するためのもので、かつては会員社以外は入れない排他的組織だった。

【参考文献】

Aronson, Sidney H., 1971, "The Society of the Telephone," *International Journal of Comparative Society*, 12(3)：153-167.
Blumer, Herbert., 1954, *The Process and Effects of Mass Communication*.
Davidow, William. H., 2011, *Overconnected : The Promise and Threat of the Internet*, Headline Pub.（＝2012, 酒井泰介訳,『つながりすぎた世界——インターネットが広げる思考感染にどう立ち向かうか』ダイヤモンド社.）
小野秀雄, 1931,「新聞と讀者」『新聞研究室第一回研究報告』東京帝国大学新聞研究室.

マスコミュニケーションを担う人々
プロフェッショナリズムとアマチュアリズム

⓪ はじめに

　マスコミュニケーションとは、プロフェッショナルな集団が生産した大量の情報を、大勢の人々が受け取るという情報の受け渡しのプロセスである。江戸時代のかわら版は少量生産・少量消費だったが、西洋から入ってきた印刷技術が大量印刷を可能にし、新聞や雑誌が全国に配達されるようになった時、それはマスコミュニケーションになった。同じメディアであっても、条件により小さい範囲にとどまることも、マスコミュニケーションになることもある。

① マスコミュニケーションとマスメディア

　NHK ラジオ放送は 1925 年に東京放送局として発足し、翌年には社団法人日本放送協会となり全国的に展開していった。放送を受けるためのラジオ受信機の生産にも力を入れ、国民には受信機の購入を促した。無線（radio）で情報が飛んでいくこの便利なメディアは、発信制度と受信装置がそろうことにより一挙にマスコミュニケーションになった。
　20 世紀の前半にすでにマスコミュニケーションとしての態様を整えることができたメディアは、電力や鉄道などの産業基盤とともに国の発展にとって欠かせないものである。その基礎をなす教育も、産業の発展だけでなく、識字力が新聞や雑誌の読者人口を増やすことにつながる。そして人々の政治・経済・社会・文化等に関する情報欲求が強まるにつれ、それがさらなるメディアの発展へとつながっていった。

1-1：戦前のマスコミュニケーションで働いた人々：多様な出身や経歴

　活字メディアで働く人には、知識と文章力が求められてきた。戦前は高等教育を受けさせる経済的余裕のある家は少なかったから、記者職に大学卒の学歴が求められたわけではない。映像メディアでは、監督や脚本家に関しては、知識や表現力の上に映像センス、音楽センスなどが求められる。加えて、映像メディアには多様な職種——照明、音声、撮影等の技術職、大道具、小道具、結髪、衣装他の美術職など——があり、仕事をしながら先輩や親方から教えられた。彼らは、当時の日本の人口・産業構造を反映して、日本各地の農村から都会に出てきた人が多かった。都市部の出身でも親の職業は職人や商人などが多くを占め、それにあらたに登場したサラリーマン層（会社員、公務員、教員など）が加わった。また、彼ら自身、人生のはじめには違う職業を経験し、後にメディアに入ることも多かった。それゆえに、戦前のメディア人は出身地も出身階層も経験も多様で、今よりは個性的であったといえるだろう。

1-2：高度成長期以降："主流の人々"

　第二次世界大戦の後、日本国憲法により言論の自由が保障され、メディアは戦前・戦中の桎梏から解放された。1960年代以降の高度経済成長期に入ると、都市化が進みサラリーマン家庭が多くなった。一家族の子どもの数も平均4〜5人から2人へと急速に減少し、その後さらに少子化が進んだ。それと国民所得の増加があいまって大学進学率が高まった。

　同じ頃テレビが非常な勢いで普及して、茶の間の人気者となっていく。テレビは1953年に発足し、初期には受信機が少なかったものの、皇太子（今の天皇）成婚と東京オリンピックという二大イベントを経て急速に普及した。1960年代には広告出稿量でラジオ放送を追い抜き、70年代半ばに新聞を凌駕してマスメディアの王者となった。

　テレビは魅力的なメディアである。映画と同じく映像と音声による表現形態をもち、ラジオと同じように生で多くの人に無線で到達でき、ニュースは新聞より早く伝わる。最初はドキュメンタリーで個性を発揮したテレビだが、60年

代半ばにニュース・ショーが生まれると、解説機能、重点提示機能、娯楽機能を兼ね備えるようになり、新聞と対抗できるジャーナリズムになった。テレビがジャーナリズム性をもつかどうかは60年代半ば頃議論になっている。「速報はラジオ・テレビで、詳報は新聞で」というのが最初の機能分担だったが、「むずかしいニュースをテレビでわかりやすく」というところまできて、テレビの言論機関としてのあり方が問われるようになった（大森1965）、とされる。

1960年代以降、メディア業界は若者にとって魅力ある就職先となっていく。

1-3："主流の人々"

それまでは大卒と並んで高卒の男女を採用していたテレビ局も、1970年頃から有名大学卒業生を中心に正社員として採用するようになる。それから40数年、同じような採用方針、同じような入社試験を通って来た世代が次々と積み重なり、新聞社、放送局、大手出版社等の正社員の主流は、概ね以下のような特性を備えた人で多く占められるようになった。

－男性、20～60歳代、有名大学卒、日本人、健常者、都市生活者－

このような条件を備えた人々を筆者は"主流の人々"と呼んでいる。この属性にあてはまらない人々が主流メディアのなかにも20％程度はいるが、彼女／彼らはマイノリティとして、疎外感を味わうことも多い。

性別では1985年の「雇用機会均等法」以前にはほとんど女性の採用がなかったことと、その後微増はしているものの、はかばかしい採用がないので、女性の占める割合は依然として非常に低い。『報道メディアにおける女性の地位に関する世界レポート2012』IWMF（International Women's Media Foundation）によれば、調査対象となった日本の報道機関（新聞とテレビの大手8社）の女性平均は15.2％で、59カ国中下から3番目の57位である。GCN（Gender and Communication Network）1994年調査による主要メディアにおける女性比率は29カ国中最下位、インドよりも下であった。その後、1999年の男女共同参画社会基本法の成立により、わずかな進展は見せているものの、日本の主要マスコミ機関（新聞協会加盟の新聞・通信社、放送局等）における女性比率の伸び率は低い。

年齢に関しては、日本では定年制が布かれているので、組織で働く人のほとんどが20〜60歳代、22歳未満の若者と高齢者がほとんど含まれない。また、外国人は正職員に採用しない傾向が強いし、障害者の法定雇用率を守らない企業がかなりある。メディア機関が都市にあるので必然的に都市生活者になり、それも本社やキー局がある首都圏が中心となっている。これらの人々の発想が大手メディアのものの考え方の中心になる。

　GCNが行った日本のテレビ・報道職調査によれば、一見、同じようにエリートとして育っていても、管理職世代の男性は専業主婦の配偶者と子どもがいるといった面で一様な人生を歩んでいるのが多いのに対し、女性は配偶関係や子育てを含む個人生活の面で多様な体験をし、いくつもの選択肢の中から人生を選びとっている（林・谷岡2013）。

　30代においても女性社員は男性社員より社会の多様な現実と向きあっていた。女性の経験を活かせば、大手メディア報道ももっと視野の広いものになるだろう。

　"主流の人々"は個人的には必ずしも大きな権力をもってはいないので、自分たちの権力性に気づいていない。しかし、前出の属性条件から一つでも外れるマイノリティ（少数者・社会的少数者）からみれば、彼らの常識が情報判断の基準となることに違和感はある。たとえば女性にとって重要なことや、障害者にとって見過ごすことができない問題があっても、それは聞き流されてしまう。マイノリティは、"主流の人々"の同調圧力を受けて価値観の共有を強いられるか、あるいは違う種類の人間として周辺に生きることになる。

1-4：情報源も"主流の人々"

　さらに視野を広げれば、日本の社会全体がこれと同じ条件をもった"主流の人々"に支配されていることが見えてくる。官僚や大手企業の幹部候補生のほとんどはこの属性をもつ人で構成されているし、司法はその上に大学院卒レベルの資格を備えた人が牛耳る。政界ではこの条件に加え、政治家の二世・三世議員が支配的だ。

　このことは、ジャーナリズムにおける情報の流れとの関係を考える際に、重要

である。たとえば、日本におけるニュース情報源のほとんどは、公的機関の発表によって占められている(Kodama et al. 2007)。各官庁の発表、政治家の発言、大企業の経営者の方針などが記者クラブで発表される。情報源では何を発表するかが、情報加工プロセスでは何をニュースとして取り上げられるかが、同じ属性の人々によって判断されマスメディアに乗る。このようにメジャー・コミュニケーションとして社会一般に発信される内容が社会で重要なことであり、常識として通用するようになる。"主流の人々"の人口は推定で1割程度だから、そうした情報は必ずしも社会全体の考えとも必要な情報だともいえないだろう。あくまでも"主流の人々"によって選ばれ解釈が加えられた情報なのである。

彼らはプロフェッショナルのメディア人としての能力に基づいて、世の中にとって必要な情報を自分たちが発信していることに誇りをもっている。たしかにそういう面はあり、情報が正確である確率は他のメディア情報より高いだろう。しかしそれはあくまで"主流の人々"の考えで選ばれ作られたものなので、他の人の目から見ると、重要なのにこぼれおちた情報があるかもしれない。このことを理解した上で、メジャー・コミュニケーション情報を判断する必要がある。

② 現実の制作者たち

20世紀後半に圧倒的な力を誇ったテレビだが、実は1970年代からテレビ局が社内で直接制作する番組は少しずつ少なくなっている。今ではほとんどの番組が、外部の制作会社に委託されるか、その協力により制作されている。一方、出版の世界でも編集や取材の外注化が進んでいて、自社制作する部分は年々減少している。したがって、実際には大手マスメディアの正社員ではなく、制作会社の社員やフリーの人たちが仕事を担っている部分が大きい。そこでは、もっと多様な人々が番組や雑誌作りに勤しんでいる。

2-1：制作会社

1970年代には二つの有名な制作会社が作られた。一つはTBSから3人の著

名なディレクターたちが分かれて作ったテレビマンユニオン、もう一つは牛山純一が日本テレビから分かれて作った日本映像記録センターである。当時はベトナム戦争や日本国内の基地問題が政治課題となっていて、政府の姿勢に追随するテレビ局幹部の方針に反対する動きが制作者のなかにあり、それが独立につながっていった。彼らは属性的には"主流の人々"であったかもしれないが、主流に対抗する動きに出た時点で、メジャー・コミュニケーションから一歩離れたといえよう。この頃からほかにも放送番組制作会社ができ、現在のように制作会社がテレビ番組制作のほとんどを担うようになったのである。

テレビを見ていると、番組の終了少し前に制作に関わった人や会社の名前が流される。制作とか制作協力としてテレビ局以外の会社の名前が出ていたら、おそらくその番組はその社が作ったものである。完全パッケージにして納入することもあれば、収録した素材に資料を添えて渡し、編集はテレビ局にまかせることもある。また、ワイドショーでは各コーナーを制作会社が担当していることもある。

報道は放送局の社員が制作する最後の砦だったが、ニュースのショー化が進むとその分野にも制作会社が入って来た。とくに有名キャスターを擁する場合には、その所属する会社が制作協力するケースが多くなっている。

制作会社で働く人々は、大手マスコミの正社員よりは多様性がある。制作会社は独創性を測るためにユニークな入社試験をするところもあるので、おもしろい才能をもった人や女性が大手マスコミより採用されやすく女性社員は3割程度である。

また、制作会社は演出を中心とした組織のほかに、技術系や照明／電飾など専門化している。さらに、専門的な知識や能力のある人、AD（アシスタント・ディレクター）、エキストラなど、人を派遣するプロダクションもある。この業界で仕事をしているうちに、特化した需要を見出して会社を興すこともあり、年令・性別・学歴・国籍を超越して、「好きだから」または「縁あって」この仕事をしている人も多い。

1982年には、制作会社が集まってATP（日本テレビ番組製作者連盟）ができた。

「テレビ番組の質的向上を図ることによって、放送文化の発展と国民の文化的生活の向上に寄与することを目的」(同連盟ホームページ)とする。番組の質の向上には、テレビ局から十分な制作費を受け、人員を確保し、必要な制作日数を与えられることが必須条件だ。また、経営の安定には番組の著作権を制作会社がもてるようにするなど、優位に立つテレビ局と対等に交渉できることが必要だ。制作会社は比較的規模が小さく、景気動向に左右されるので、経営が不安定なこともある。現在、124社が加盟するATPでは、こうした基本的条件の向上を目指している。

自社制作せず、製作会社(編集プロダクション等)に発注する形態は出版にも及んでいる。たとえば出版社から新しい雑誌の発行を依頼されれば、主旨や種類、性格等を協議の上、具体的な企画の提示、取材、編集を製作会社が行うことがある。ただし、この業界も景気の影響を受け、発注元の都合に左右されやすい。ある編集プロダクションの社員によれば、景気の良い時は海外取材も可能な予算がつくが、悪くなると予算が削られぎりぎりの線で受けなければならないこともあるという。

一般人の取材もあれば、有名人や大会社社長の取材も、マスメディアが扱うものすべてを製作会社も扱っている。ここで製作されるものがマスコミュニケーションのルートに乗るのだから、製作会社の人も"主流の人々"に近い属性はあるが、仕事を遂行するに必要な知識やコミュニケーション能力があれば、年齢や学歴は必ずしも主流の枠にとどまらないし、フリーとしても活躍できるのである。

2-2:"主流の人々"の仕事

それでは大手マスコミの"主流の人々"は何をしているのだろうか。新聞社の場合は紙面製作で外部に発注することは少ない。たとえば、編集局に所属した場合、外勤も内勤も社員記者が記事を書き、それをデスクがチェックし、整理部の社員が見出しをつけて、各面を構成する——というようにほとんどが"主流の人々"によって作られる。アルバイトや契約社員もいるが、資料整理や連絡などの仕事が多い。

それに対し、テレビ局はどうだろうか。ニュースとスポーツは社員が担当する比率が芸能よりはずっと高い。本社で記者たちの取材先を決定し、集まった候補のなかからニュース項目を選び、放送順位や時間の決定をするのは中堅正社員のデスクである。そして、報道全体の大きな方針は部長や局長が（会議を経て）決めている。記者クラブに常駐する記者は、原則的に社員がなる。社で原稿を受けてリライトするのも社員記者だ。このように、ほとんどのプロセスが"主流の人々"によってなされるので、彼らの意向はもっとも強くニュース内容に反映されることになる。ただし、報道関係でもドキュメンタリーは別の傾向をもち、非主流の意見を反映することが多いのは留意しておくべきだろう。

　テレビ局の"主流の人々"の意向は、実は編成局においてもっとも強く発揮される。編成こそ放送局における、核心部分である。放送番組の改編は半年ごとに行われるが、どういうジャンルのどういう番組を、何曜日の何時に放送するかを決定するのが編成である。このタイムテーブル上に並ぶ番組の種類と番組配置により、その局のものの考え方がわかるとともに、局の収益にも大きな影響を与える。制作会社は現場での決定権はあっても、番組の存続に関わる部分にはタッチできず、でき上がった作品のチェックもここでなされるから、編成の権限は絶大である。

　また、営業局も多くが正社員で構成され、スポンサーがつくかどうかで会社の売り上げが決まるから、その意向を帯した営業の発言は陰に陽に影響力をもつ。そして、人事や総務は社員の身分と待遇に関する権限をもっているので、あだやおろそかにはできない……というように、番組制作には直接関わらないセクションが、実は大きな権力をもっていて、それが"主流の人々"によって占められているわけである。正面切って政府の意向に反した原発反対の番組が作りにくいことや、原発反対を表明したタレントが放送に出にくくなる原因の多くは、この辺に存している。

　このようにして大手テレビの"主流の人々"は番組制作よりもむしろ「管理的業務」の仕事をして力をもっている。そうであれば、社員たちが官僚や銀行・商社の人と同様の"主流の意識"に染まることが理解されるであろう。

2　現実の制作者たち　　19

大手メディアにおける内実は以上のようなものだが、実のところ一つのメディアの外側においては境界が流動化し、ダイナミックなメディアの総合化が進んでいることを見逃すことはできない。

2-3：メディア境界の流動化とマスコミ概念の希薄化

メディア内容が"コンテンツ"と呼ばれるようになった理由の一つに、デジタル化によって同じ内容を違うメディアで運ぶことが増え、もはや番組とか作品、記事というようなメディア別の名称を用いることがふさわしくなくなったことがあげられる。

以前は出版社だったところも、総合メディア企業に変身し、あらたな動きを見せるようになった。このような総合メディア企業では、マスコミかオルターナティブかという区別はなく、あるコンテンツが生み出された場合、どのように各種メディアを効果的に使って、利用者に届けるかという方法論を議論することになる。このような新しいタイプのメディア組織で働く人たちには、主流も、普通も、"オタク"もなく、すべて一緒に仕事をする。また、従来の学問区分で分ければ、工学系も文化系も、経済、法律、美術系もいるし、一人でさまざまな能力を備えた人もいる。ここでは特定メディアについての専門的な力ではなく、総合的なメディア判断力が必要になってくる。

そうすると、今までのような"主流の人々"中心のコミュニケーションの流れではなく、多様な人々の意思決定によるコンテンツの選択とメディア利用が生まれる。一方、このような能力は現在一般人のなかにも普及しつつあり、プロではなくても自己表現の道具としてこうした技術をもつ人は増えている。YouTubeにあげられた作品にはさまざまなものが混ざっているし、災害時に現場にいた素人の撮影映像がニュースでも使われることを考えると、動画とそれを担う人々からは目が離せない。現状はきわめて流動的だ。

3 プロフェッショナリズムとアマチュアリズム

　TwitterやFacebook、LINEなどのSNS（ソーシャル・ネットワーキング・サービス）も、友だちが友だちを呼んで知らない人ともネットワークを形成するようになっている。素人が自分の感想を送っただけでも、多くの人にフォローされれば、やがてマスコミュニケーションのように広められるだろう。そうなると発信者がアマチュアでもプロでも、同じような効果が生まれるのである。

3-1：シェア・コミュニケーション

　情報技術の発達と利用者の増加により、大手マスメディアが伝えない情報や、マスメディアが知りえない情報が、多くの人に共有されるようになった。自分の考えや制作物を他の人と「分け合い共有する」という意味で、「シェア・コミュニケーション」が可能になったのである。

　しかし、情報をシェアする人たちは、プロが習得しているルールをわきまえずに発信することがあり、そこには間違った情報、偏った情報も含まれる。時には憎悪発言や攻撃的言辞で他人を傷つけることもある。が、そういうマイナス面も含めて、私たちは大勢の人に向かって発信できる表現の自由の場を獲得した。そうなると、アマチュアといえども、自分の発信については慎重でないと、他人を傷つけたり、自分自身も思わぬしっぺ返しを受けることになる。言い換えれば、多様な人が発信していく世の中で、プロフェッショナルはもとより、アマチュアも受信・発信についてのメディア・リテラシーをもたないといけないことになる。

3-2：ケア・コミュニケーション

　そういったなかで忘れられがちなのは、人の心を癒すはたらきをするケア・コミュニケーションである。従来のマスメディアでは、社会の問題点や事件・事故などに着目することが多かったので、厳しく危険な現実ばかりが取り上げられがちであった。林香里は『オンナ・コドモのジャーナリズム』で、そのよ

うな傾向をもつオトコのジャーナリズムを批判的に取り上げている。また、東日本大震災は、被災者、被取材者に寄り添い励ます、ケアのコミュニケーションの大切さを意識させた。たとえば被災した福島の詩人、和合亮一の詩（和合 2011）の一つひとつが被災した人の心を打ち、同じ思いの人の共感を呼んだ。これらの詩はインターネット上で広まっていった。

　NHKのEテレでは、被災した地域の高校生たちの短歌を集め放送した（『ハートネットTV』）。そこには被災した人でなければ思い浮かばないことばの数々が紡がれ織り込まれていた。同じ境遇の人とは心が響きあい、経験していない人にも悲しみの深さを実感させた。すなわち、思いを詩という形式にはめることによって、それは凝縮され深められ、普遍的な力を獲得する。詩の形式がケア・コミュニケーションとしての力を発揮し、それがメディアに乗ることによって多くの人に届けられた。

　ケア・コミュニケーションは詩歌ばかりではなく、必要な情報を伝えることでも達成される。東日本大震災の後、多くの人が何か自分も役立ちたいと思って、寄付やボランティア・ワークを申し出た。それらを伝えるためにできた新聞の震災伝言欄は、「こんなにも多くの人が自分たちのことを考えてくれている」と被災者は受けとり励ましになってもいる。ここにおける発信者の多くは個人であり、必ずしもプロフェッショナルなわけではない。すべての人がケア・コミュニケーションの発信者にも受信者にもなりうるのだ（メジャー・シェア・ケアのコミュニケーションについては、（小玉　2012）を参照）。

3-3：プロフェッショナリズムとアマチュアリズム

　マスコミュニケーションはプロフェッショナルな発信集団が、視聴者や読者などの「マス」と呼ばれる一般人集団のターゲットに向かって発信する一方的な大量情報の流れであった。インターネットがもたらした通信の民主化は、分量の多寡はさまざまだが"アマチュアが発信できる"というところに意味があった。それは"主流の人々"である男性エリート集団の情報の選択・解釈とは違う流れを作り、情報の偏りから逃れる有効な手段となった。

従来は、マスメディアにおける議論が公共圏における社会的議論とされていた。しかし、現在ではマスメディアの報道しないことがネットで大々的に報じられ、そちらに注目が向けられることもある。そこには真っ当な議論もあれば勢いに任せた感情の発露もあるが、インターネットは、「オルターナティブな公共圏」を提供し、これがメジャーな世界にも影響を及ぼすようになっている。

　かつて新井直之はジャーナリズムについて「いま、言うべきことをいま言う。いま伝えるべきことをいま伝える」（新井1986）と言った。閉ざされていた社会的情報流通の門が、より多くの人々に開放された今こそ、多様な属性をもった人々が「いま、言うべきことをいま言う。いま伝えるべきことをいま伝える」ことが可能になったのである。とはいえ、手段だけ整っても、真っ当に議論する精神と技術がないかぎり、オルターナティブな公共圏での議論は実り少ない。従来のマスメディアはもはや限界にきている。プロフェッショナルもアマチュアもメディアを上手に使い分けて、よりオープンで公平な表現の場を作っていくことが大事なのではないだろうか。

（小玉　美意子）

【参考文献】

新井直之, 1986,「ジャーナリストの任務と役割」『マス・メディアの現在』［法学セミナー増刊総合特集シリーズ三五］日本評論社, pp.25-26.

林香里, 2011,『〈オンナ・コドモ〉のジャーナリズム――ケアの倫理とともに』岩波書店.

林香里, 谷岡理香編, 2013,『テレビ・報道職のワーク・ライフ・アンバランス　13局男女30人の聞き取り調査から』大月書店.

IT media news（2013年9月2日取得, http://www.itmedia.co.jp/news/articles/1303/28/news085.html）.

小玉美意子, 2012,『メジャー・シェア・ケアのメディア・コミュニケーション論』学文社.

Kodama, Miiko, Tomoko Kanayama, and Sungeun Shim, "A Comparative Study of International News Changes after 9/11,"『ソシオロジスト』9：1-31.

日本テレビ番組製作者連盟ホームページ（2013年9月1日取得, http://www.atp.or.jp/about/company.htm）.

NHK E-テレ,『ハートネットTV 震災を詠む2013』2013年3月放送.

大森幸男, 1965,「報道機関としての責任と限界」『放送文化』12月号.

和合亮一, 2011,『詩の邂逅』朝日新聞出版.

2 マスコミとどう向きあうか
メディアコンテンツをどう見るのか

⓪ はじめに

　メディア社会学科で教えていると、初年度ゼミの研究テーマに「メディアの悪影響」を取り上げる学生が必ず出てくる。また、上級生になると「マスメディアの報道は歪んでいる、間違っている」と言う声が聞かれる。大学の勉強でメディアを批判的に見る目を養ったおかげであろう。しかし彼らに「自分自身は影響を受けたと思う？」「どこがどういう風に間違っているの？」と尋ねると、たいていは答えに窮してしまう。

　このように、マスメディアに興味、関心がある人たちのあいだで、マスメディアから発信される情報は歪んでいて悪影響を及ぼすものというイメージは非常に根強い。しかしそれらは、明確な根拠のある発言でないことも多い。それではなぜ、このようなイメージが人々のあいだで蔓延しているのだろうか。ここでは、そのメカニズムについて、マスメディアとどう向きあうかという側面とともに、メディアの影響を実証的に研究する際の制約や、人間に共通する心理といった側面からも考えていく。

① 「見せたい／見せたくない」のはざま

1-1：「見せたくない」番組は「見てない」番組？

　日本 PTA 全国協議会は毎年「マスメディアに関するアンケート調査」（以下 PTA 調査）を行っている。そのなかの調査項目に「保護者が子どもに見せたい／見せたくないテレビ番組」がある。ここでは、まずそのような番組があるかどうかを尋ね、ある場合には、具体的な番組名を2つまであげさせている。こ

の結果は「子どもに見せたくないテレビ番組ランキング」として報道され、毎年注目を集めている。そして、平成16年度から23年度まで「ロンドンハーツ」（テレビ朝日系）が不動の第1位であり、「クレヨンしんちゃん」（テレビ朝日系）「めちゃ×2イケてるッ！」（フジテレビ系）「志村けんのバカ殿様」（フジテレビ系）が、例年ワースト5に入っている（表2-1）。

このような番組を見せたくない一番の理由は、そろって「内容がばかばかしい」である。しかし、実際にこのような番組を、この調査の回答者である親はどの程度見ているのだろうか。見せたくない番組が「ある」と答えた人は平成23年度調査では、回答者1,059人のうちの24.3％。さらに、見せたくない番組第1位である「ロンドンハーツ」ですら、見せたくない番組としてあげた人数は137人であり、全体の12.5％にすぎない。しかも、「見せたくない」と答えた人のなかで、実際に見ている人は48.2％（「いつも見ている」と「たまに見ている」と答えた人の合算）であった。すなわち、実際に見せたくない番組があると意識

表2-1　子どもに「見せたくない」番組
（日本PTA全国協議会2011・5件以上、N＝1,095）

順位	番組タイトル	放送局	回答数
1	ロンドンハーツ	テレビ朝日系	137
2	クレヨンしんちゃん	テレビ朝日系	79
3	志村けんのバカ殿様	フジテレビ系	53
4	めちゃ×2イケてるッ！	フジテレビ系	43
5	ピカルの定理	フジテレビ系	24
6	ピラメキーノ	テレビ東京系	21
6	リンカーン	TBSテレビ系	21
8	私が恋愛できない理由	フジテレビ系	20
9	蜜の味	フジテレビ系	18
10	はねるのトびら	フジテレビ系	17
11	家政婦のミタ	日本テレビ系	13
11	銀魂	テレビ東京系	13
13	ダウンタウンのガキの使いやあらへんで!!	日本テレビ系	12
14	しゃべくり007	日本テレビ系	9
14	ホンマでっか!?TV	フジテレビ系	9
14	とんねるずのみなさんのおかげでした	フジテレビ系	9
17	ドラえもん	テレビ朝日系	5

して答える人は少なく、さらに、見せたくない番組を見た上で見せたくないと答える人はほんの少数である、ともいえる。

1-2：なぜ続く「見せたくない」番組

　その一方で、この「見せたくない」番組は、長年続いており、しかも人気もある。たとえば「ロンドンハーツ」の放映開始は1999年、「クレヨンしんちゃん」は1992年、「志村けんのバカ殿様」は単発でのスペシャル番組だが、初回の放映は1986年、「めちゃ×2イケてるッ！」は1996年と、いずれも放映開始から10年以上経過している。また、視聴率もいずれも高い数字を記録している。「ロンドンハーツ」は2004年に最高で22.1％を記録し、2012年5月の時点でも12-14％を保っていたといわれている。「クレヨンしんちゃん」は2013年11月現在放映されているアニメ番組のなかでも、常に視聴率ベスト10の常連である。「志村けんのバカ殿様」は1986年に27.1％の視聴率を記録、この数字は1977年9月26日のビデオリサーチ社のオンライン調査開始以降、コメディ・ドラマとしては第9位の数値である。また2012年4月3日にも14.1％を記録し、その週の関東地区のその他の娯楽番組のなかで第9位であった。「めちゃ×2イケてるッ！」は2004年にスペシャル番組で芸能・バラエティ番組では第9位となる33.2％を記録し、また、2013年8月17日にも13.8％を記録、その週の関東地区のその他の娯楽番組のなかで第7位になっている。とくに、「めちゃ×2イケてるッ！」については、同じPTA調査において「見せたい」番組第1位である「世界一受けたい授業」の裏番組（同一曜日時間帯放映）でありながら、これだけの人気を博している。つまり、これらの番組はばからしいと言われながらも多くの人たちが接触し、知名度が高い番組でもあるのだ[1]。

　そのため、「見せたくない」番組をあげろと言われると「思いつく俗悪番組といえば、あれ」というように、これらの番組を思い出して回答している可能性が大いにある。もちろん、番組の内容にまったく問題がないとは言えないが、多くの人に受け入れられ、話題を提供しているからこそ、これらの番組はより問題視されやすいのである[2]。

さらに、ある時代には「ワースト番組」とされた番組も、年月を経ることでその評価が変化していくものもある。たとえば、ドリフターズがレギュラー出演し長年放映されてきた「8時だョ!全員集合」(TBSテレビ系)は、先のPTA調査における「ワースト番組」(のちに「見せたくない」番組)の不動の常連として有名であった。しかしながら、この番組は最高視聴率が47.6%と、1976年9月26日以降に放映された芸能・バラエティ番組のなかで歴代最高の視聴率を誇っている(「国民の半分が見た!」がキャッチフレーズ)。そして1986年にレギュラー放送が終了後も、名シーンをリクエストで放送するといった特番が何度も組まれた。とくにドリフターズのリーダー、いかりや長介の死去後は、その評価も「体を張った下品なお笑い番組」「俗悪番組」から「全力でお笑いに取り組んだ番組」「テレビ史上に残る名番組」といった位置づけへと変化していった。
　このように「見せたくない」番組は、内容の良し悪しはともかく長年続き、その間多くの視聴者を獲得し、視聴者のあいだに共通のイメージを提供してきた番組といえるのである。そして、そのような共通イメージを提供できていることが、さらに番組の人気につながっているのかもしれない。

1-3：「見せたい」番組のもうひとつの顔

　他方、同じPTA調査で「見せたい番組」のランキングを見ると、「世界一受けたい授業」(日本テレビ系)、「天才!志村どうぶつ園」(日本テレビ系)「Qさま!!」(テレビ朝日系)「ダーウィンが来た!」(NHK)が、ここ数年安定してベスト5に入っている(表2-2)。家族で楽しみながら教養が身につくクイズ形式の番組が保護者には人気のようである。また、アニメでは、「サザエさん」(フジテレビ系)、「ドラえもん」(テレビ朝日系)、「ワンピース」(フジテレビ系)の3番組がベスト30以内に入っている。これら「見せたい」番組も、1969年放映開始の「サザエさん」を筆頭に、長く続き、人気も高い番組が多い。そして「見せたくない」番組と違い、「見せたい」と答えている人の多くが実際に視聴している。
　これらの番組を見せたい理由は「知識が豊富になる、学習の助けになる」「家族団らんの時間がもてる」「自然や地球環境問題について学べる」が上位にあげ

表 2-2 子どもに「見せたい」番組
(日本 PTA 全国協議会 平成 23 年度・10 件以上，N = 1,095)

順位	番組タイトル	放送局	
1	世界一受けたい授業	日本テレビ系	262
2	天才！志村どうぶつ園	日本テレビ系	107
3	Qさま!!	テレビ朝日系	91
4	ダーウィンが来た！	NHK	67
5	教科書にのせたい！	TBS テレビ系	62
6	テストの花道	NHK・E テレ	47
7	南極大陸	TBS テレビ系	43
8	プロフェッショナル仕事の流儀	NHK	41
9	サザエさん	フジテレビ系	38
10	世紀のワイドショー！ザ・今夜はヒストリー	TBS テレビ系	37
11	世界の果てまでイッテ Q！	日本テレビ系	36
11	世界・ふしぎ発見！	TBS テレビ系	36
13	江	NHK	33
14	歴史秘話ヒストリア	NHK	30
15	カーネーション	NHK	26
15	池上彰の学べるニュース	テレビ朝日系	26
17	シルシルミシル	テレビ朝日系	22
18	妖怪人間ベム	日本テレビ系	20
19	ザ！鉄腕！DASH!!	日本テレビ系	19
20	地球ドラマチック	NHK・E テレ	18
21	情熱大陸	TBS テレビ系	16
22	ドラえもん	テレビ朝日系	13
22	ZIP!	日本テレビ系	13
24	すイえんサー	NHK・E テレ	12
24	ワンピース	フジテレビ系	12
24	家政婦のミタ	日本テレビ系	12
27	ザ！世界仰天ニュース	日本テレビ系	11
27	1 億人の大質問!?笑ってコラえて！	日本テレビ系	11
27	平成教育委員会	フジテレビ系	11
30	ネプリーグ	フジテレビ系	10
30	そうだったのか！学べるニュース	テレビ朝日系	10
30	人生が変わる 1 分間の深イイ話	日本テレビ系	10
30	所さんの学校では教えてくれないそこんトコロ！	テレビ朝日系	10

られている。もちろん、クイズ形式の番組が「知識が豊富になる、学習の助けになる」という評価は妥当であろう。動物とのふれあいや、家庭での家族のや

りとりを描いた番組が家族団らんに役立つとする評価もうなずける。しかし、このような「見せたい」番組は、「見せたくない」番組以上に、厳密な内容分析がこれまでほとんどなされていない。

　たとえば、「家族団らんの時間がもてる」と評価が高い「天才!志村どうぶつ園」では、タレントとペットとの生活や、霊媒師がペットの気持ちを飼い主に伝えて感動を呼ぶ、といったビデオを芸能人たちがスタジオで見て涙するというシーンが多くみられる。しかし、それらのなかには、一歩間違えば危険な行為や動物虐待につながるような行為、科学的に証明されていないような内容も含まれている。また、国民的アニメ番組とされる「サザエさん」に登場する既婚女性はほとんどすべて専業主婦であり、「男は仕事、女は家庭」という性別ステレオタイプ[3]が多数示されている。また、「ばかもん」と父親が頭ごなしに母親を怒鳴りつけたり、妻が夫の浮気を疑い妻が家出したりするなど、子どもに良い影響を与えるとは思えないような場面も多々含まれている。「ドラえもん」でも、ジャイアンがのび太を殴るシーンが毎回のように登場したり、しずかちゃんの入浴シーンが描かれたりする。しかしながら、このような描写については、表立ってあまり問題視されることがない。

　すなわち、「見せたい」番組とされる番組も、そのイメージが先行している部分も強く、悪影響を与えるかもしれない場面の有無については、ほとんど検討されていないのである。

1-4：中身を知ることの大切さ

　このように、「見せたくない」番組「見せたい」番組の共通点は、人気があり、長く続いている番組だということである。俗悪と言われながらも長く続くからには、視聴者に受け入れられるなんらかの理由があるはずである。もちろん「見せたくない」番組には、批判を受けるような内容が多数含まれている。しかし、そのような番組を単にイメージだけで批判するのではなく、どのような点が問題で、また、どのような点が低俗といわれながらも視聴者にアピールしているのかを知る必要があるのではないだろうか。また、「見せたい」番組に

ついても、どのような点が「見せたい」と評価されているのか明らかにすると同時に、手放しで称賛するだけではなく、視聴するのに問題ある場面はないか、きちんと確認する必要があるだろう。

そのためには、テレビ番組を皆で視聴する「共視聴」という行為は非常に有益である。とくに、子どもが好んで視聴している番組の内容を、きちんと知っている大人はあまり多くない。そのため多くの親が、長く続いている人気のアニメなどは「子ども向けなので大丈夫」と判断し、安易に子どもだけで見せてしまう。そういった番組のなかにも、実は問題ある内容が含まれているかもしれない。したがって、テレビの悪影響を本当に懸念するならば、テレビを一緒に見てその内容を知り、それについて語りあうことが重要であろう。

また、PTA調査で「見せたくない」番組を見せたくない理由として「内容がばかばかしい」に次いであげられていたのは、「言葉が乱暴」「いじめや偏見を助長する」だが、テレビが及ぼす悪影響はこのように物理的に目立つものだけでなく、目には見えにくい価値観への影響もあると考えられる。たとえば、先に示した「見せたい」番組のなかにも、動物虐待や男女差別を助長しかねない表現がやんわりと示されているが、それらが問題視されることはほとんどない。メディアコンテンツやその影響を研究する者は、そのようなあまり意識されないが、実は問題が潜んでいる内容やそれが影響を及ぼす可能性について実証的に研究を行い、その結果を一般の人々に対してわかりやすく示していくことが求められる。そして、受け手もこのような結果を知ることで、単にメディアコンテンツを「良い―悪い」の二分法で見るだけでなく、多面的な視点をもって見ることができるようになるのではないだろうか。

❷ 「悪影響」という神話

2-1：「悪影響」の正体は？

1-1で見たように、見せたくない番組の多くは、人気番組、とくに若者から支持を集めているものでもあった。それでは、なぜ若者に人気のメディアコン

テンツは批判されるのだろうか。その理由を考えてみよう。人は自身が住む世界が良い人には良いことが、悪い人には悪いことが起きる世界であるという信念（公正世界信念）をもっているという（Lerner 1980）。それに従えば、何か悪いことが起きると、自分が被害者／または加害者にならないために、自分とは関係のない何か／誰かを悪者にしたいと思う心理が働く。

　たとえば、連続通り魔のような衝撃的な事件の原因が特定されないと、腑に落ちないだけでなく、なんとなく不安になる。自分を防衛する手段を見つけられないと、自身もまた同様の事件の被害にあうのでは、と日々おびえて暮らさなければならないからである。

　また、新奇なメディアコンテンツの流行は、それまでの社会で優位な人々にとって、その地位をおびやかすものとして大きな脅威となりうる。そのため、それらを支持する人々に対して悪い、劣等であるとレッテルを張り、自身の立場を保とうとする。

　その点、多くの人々の目にふれるメディア、とくにマスメディアのコンテンツを特異な出来事の原因とする考え方は、都合のよい理由として受け入れられやすい。メディアのコンテンツは、目に見えるだけでなく、常に昔とは違う何かを提供しているものとしてとらえている。そして、とくに若者に人気のメディアコンテンツは、そのなかで若者特有の文化が描かれ、特有の言語が飛び交い、その外部にいる者にとっては理解が難しい。そのため、そのようなコンテンツに接触しない人々からは、その理解しがたさゆえに「くだらない」「ばかばかしい」と見なされ、批判の対象になりやすい。

　さらに、それは出来事自体の納得できる原因となるばかりでなく、「最近の若者は、あんなものばかり見るから……」といった、てっとり早い若者全体の批判の手段ともなる。そして、このような「メディア悪影響論」は、新しいメディアコンテンツをこころよく思わない人々（たいていは、現在の社会において優位な立場にある人々）により、通説としてまことしやかにメディアによって流布される。そのことにより、この通説は強化され、当の若者自身ですら、自分以外の若者たちの問題行為の原因を、いともたやすく「メディアの悪影響が……」と

いった形で説明し、短絡的に片づけてしまうのである。

2-2：目に見える影響、見えない影響

マスメディアの悪影響といった形で真っ先にあげられるのが、暴力シーンが攻撃行動や犯罪、いじめなどを誘発しているのではないか、ということである。たとえば、度を越えたいじめが発覚したり凶悪犯罪が起きたりした時に、加害者が特定のテレビ番組の愛好者とわかると、テレビの暴力的な内容が影響したかのように報道されることがしばしばある。

たしかに、短期的には、暴力シーンが攻撃行動を誘発するという結果は、これまでの研究から明らかにされている。しかしながら、暴力シーンが攻撃行動に及ぼす影響は、一般に考えられているほど単純なものではなく、これまでの数多くの研究の結果から、図 2-1 のように、多数の原因が絡み合った複雑な過程を経ていると考えられている（湯川 2003）。そして、犯罪といったレベルに達するような暴力的な行動への影響は、マスメディアの接触以外のほかの原因の方が、より強力であるということも示されている（Savage 2009）（図 2-1）。

それよりも、マスメディアの影響として日頃あまり問題にはされないが、大きなものとして考えるべきなのは、1-4 でもふれたように人々の価値観の醸成に

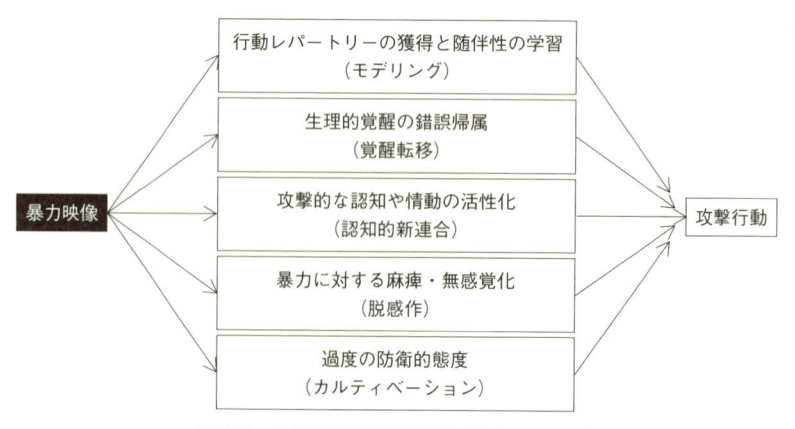

図 2-1　暴力映像の複合的影響（湯川 2003 より）

及ぼす影響である。このような影響は長期的で蓄積的であるため、目には見えにくい。とくに、ガーブナーらが培養理論で主張したように、マスメディアによく接触する人は、そこに描かれた社会に近いように現実社会を認識しやすいと言われている（Gerbner& Gross 1976）。そして、テレビ番組は、全体としてとらえると首尾一貫した潜在的なメッセージの集合体となっており、その影響は、現在もっている信念や価値観を維持させることで、社会を安定させ、また統合する機能があるのではないかと考えられている。この機能は「主流形成（mainstreaming）」と呼ばれる（Gerbner, et al. 1980；1982）。しかも、その「主流」となるメッセージは、現在の社会システムを正当化する信念に近い形で示されている。

1-3で示した性別ステレオタイプや職業、年齢や人種に関するステレオタイプを含む描写をテレビで数多く放映することも、この「主流形成」を担っている例である。それらは一般の人々の「当たり前」と合致するため、それが差別の温床となる可能性があるにもかかわらず、批判の対象とはなりにくい。また、環境問題のように一般の関心や意識を高めることが期待されてきたにもかかわらず、長時間のテレビ視聴が環境問題への関心や意識を高めることを阻害する可能性があるという研究も存在する（Shanahan 1993）。それは、商業放送は娯楽的な内容が中心で、環境問題の存在しないクリーンな世界を人々に示して消費を妨げないようにしているためではないかと考えられている。

このように、マスメディアは目には見えにくい形で影響を与えている可能性がある。しかも、それはその影響自体が物理的な形で見えにくいだけでなく、その影響が人々の「当たり前」という信念のなかに巧妙に溶け込んでいるため、なかなか気づけないのである。

2-3：メディアの影響を科学するむずかしさ

このように、メディアの影響は想像する以上に複雑なものである。比較的わかりやすいとされる攻撃行動への影響であっても、2-2で見るように、多くの原因が関係している。したがって、メディアの影響を実証的に研究する際にはどうしても、目に見えるわかりやすくて短期的に測定できるものに偏りがちで

ある。さらに、短期的な影響でも多くの原因を考慮に入れると、それぞれの原因によって起きる影響が相殺され、原因同士の関連性もわかりにくくなってしまう。そのため、結果的に何も言っていないのと同じだと見なされてしまう。

また、長期的な影響となると、ハードルはさらに高くなる。長期間調査に協力してくれる人を探すのはむずかしく、調査を進めていくあいだに、関心の高い調査対象者だけしか残らないことも多い。さらに対象者個々人は成長、老化もする。社会も変化し、原因となるさまざまな事物の関連性は複雑化する。また、影響を及ぼすとされるメディアコンテンツの内容分析も必要となる。このように、研究の実施には莫大なコストがかかるが、コストに見合うだけの明確な結果が得られないことも多い。

このため、メディアの影響に関する実証的な研究は、この問題に対する一般の関心の高さから想像するほど、その数は多くない。とくに長期的な影響については、実証研究が圧倒的に不足している[4]。それゆえ、メディアの悪影響が語られる際には、特異なめだつ事例が取り上げられやすくなる。そして、その語られた言説の肯定／否定に必要な客観的なデータが少ないために、事例として語られた言説が社会的現実として一人歩きしやすくなるのである。

❸ 「批判的」に見ることの落とし穴

3-1：客観報道と御用学者

メディアからの悪影響を受けないために、メディアコンテンツを「批判的に」見るべきという意見は、巷でよく聞かれる。しかし、批判的に見さえすればよいかといえば、必ずしもそうではない。

たとえば、2011年に起きた東日本大震災による原子力発電事故後に沸き起こった「原発問題」と称される議論には、実に多数の論点が含まれている。しかしこの問題が「原発推進」「原発反対」といった国の電力政策の二分法の問題にすり替えられると、メディアでの報道内容や発言は、いずれの立場を支持してもしなくても、「偏向している」としてそれぞれの支持者から非難されるように

なった。また、それぞれの立場を明確に支持する科学的なデータが示されないと「隠ぺいしている」といった発言がなされ、客観的中立的なコメントをする学識者に対してすら「御用学者」というレッテルが貼られたりした。このようなメディアの見方をする人たちは、この問題に対して無関心や無知な人たちではない。むしろこういった問題も含め、さまざまな社会問題に対して高い関心と豊富な知識をもち、日頃からメディアを批判的に見ようとしている人たちであることが多い。そして、その実践の結果、マスメディアによる情報は歪んでいて、人々に悪影響を及ぼすといった結論を抱くようになるのである。

　このような人たちは、自分と同じ意見や考え方、背景を共有しない人々に対し、過度に攻撃的になることすらある。それが大きな社会問題を引き起こしていることは、ここで例をあげるまでもないだろう。このように、メディアコンテンツを批判的に見ようとすればするほど、違った「悪影響」を受けてしまう可能性がある。そして、当の本人たちはこのような影響に気づけないでいるのである。これはなぜだろうか。

3-2：自分以外はみんなバカの心理

　ノンフィクション作家の吉岡忍が「『自分以外はバカ』の時代」という小論を寄せてから10年が経つ（「朝日新聞」2003年7月9日夕刊）。このなかで示されたような人々にみられる、他者を軽視することで自分の有能感を高めようとする行動傾向を、心理学者の速水敏彦は「仮想的有能感」と呼んだ。そして、その形成の社会・文化的要因として、新しい電子機器に対する適応の問題、マスメディアの発達、個人主義の先鋭化と人間関係の希薄化、テレビのお笑い番組などに見られる人を軽く扱う風潮をあげている。そして、このような文化の影響をもっとも受けやすいのは若者であろう、としている（速水 2006）。

　実は、マスメディアの影響に関する人々の認知でも、これと同様の傾向がみられることが1980年代前半から提唱されていた。デイヴィソンは、自分以外の他者（第三者）はメディアに影響されやすいが、自分はそれほど影響されていないと考えがちであるという「第三者効果」という概念を提起した（Davison 1983）。

その後、さまざまな研究をまとめてペルロフは、その効果の程度に差を生む要因を3つ示した（Perloff 2002＝和田 2006）。第1は、メッセージの望ましさの程度である。望ましくないものは他人により影響すると考えるが、望ましいものは、自分自身により影響すると考える。第2は他者との社会的距離である。自分と社会的な距離が離れている他者ほど、メディアの影響を受けると考えやすい。第3は、個人差や集団による差である。たとえば、教養のある人、自尊心の高い人ほど、第三者効果を受けやすい。また、自分の属する・支持するグループに関わる極端な態度の報道は、歪められて伝えられていると考える。すなわち、メディアで一般に望ましくないとされる内容にみずからは影響を受けないが、自分以外の人、とくに見知らぬ他者は悪い影響を受けるにちがいない、と考えてしまうのである。さらに、自分とは意見や態度が違う人は見知らぬ人であることが多く、そのような人々は、とくに影響を受けやすいと考えるのである。

　つまり、教養も自信もあって、さらにある特定のトピックについて専門的な知識があるような人ほど、マスメディアの影響について誤解をし、マスメディアは偏向していると考え、自分自身と異なる意見がメディアで示されることに対して批判的になるというパラドックスに陥っているのである。そしてここから、新しいメディアを駆使し、発達したマスメディアのコンテンツを享受する「情報強者」な若者ほど、自分以外の人々にマスメディアが及ぼす悪影響を懸念し、「情報に騙されるな」と身構えている姿も見えてくる。

3-3：総意は得てして身内ひいき

　それでは、なぜそのような立派でメディアリテラシーも高いと思われる人たちが、マスメディアの影響を誤解しマスメディアを偏向していると考えるのだろうか。そもそも人は、自分は世の中を客観的に見ていて、自分の態度や信念などは、冷静に歪みなく見た結果だと信じている傾向があり、他者も自分と同じ情報を得て熟慮すれば、自分と同じ態度や信念を抱くようになると考えるといわれている[5]。

　しかしながら、人は「他者は自分の観点や主観的経験を共有する」と暗黙の

うちに仮定し、自分の視点が相手にも共有されていると見なして物事を判断してしまう[6]。また人は、自分の意見はより標準的で、みなに合意されているものと信じがちである（Ross, Greene, & House 1977）[7]。さらに人は、自分の判断の主観的な正確さを実際の判断結果の正確さよりも高く見積もりがちである[8]。このような仮定のもとで判断することで人は、自分の態度や信念などが客観的で歪みないものである、という信念をさらに補強しているのである。

　そして人は、自分の観点が他者と共有されない時には、ひとまず、他者は自分と異なる情報に接触したと考えるか、他者は怠惰で理性的でない、または客観的証拠から筋の通った結論を導く規範的方法をとっていないと考えてみる。そして、相手を説得すれば、自分と観点が共有できると考える（Ross & Ward, 1995＝藤島 2007）。しかし、このような説得はたいていの場合は失敗する。なぜならば、説得をする側もされる側も双方が同じように「自分たちは客観的であり、歪んでなどいない」と信じているからである。その結果、他者と意見がお互いどうしても相容れないのは、他者は社会的信条、利己主義、他の歪んだ個人的価値、個性によって、解釈や論理的思考が歪んでいるからだと考えるようになる。この理由は、自分と観点を共有していない相手を否定的に見ることや、他者の否定的な行動をその人の性格や能力のせいにすることにつながりやすい。そして、自分こそが正しく、自分と意見や態度が異なる相手は歪んでいる、という考え方をさらに強化することにつながるのである。

　このような人々に共通する考え方の「くせ」[9]は、メディアコンテンツに接触する場合にも発動されうる。すなわち、自分が支持する内容は正しく、自分が支持しない内容については歪んでいる、誤っていると見なしてしまう。そして、支持する内容も支持しない内容も十分に吟味し検討することではなく、支持しない内容を批判することこそが、「批判的」に見ていると考えてしまうのである。

3-4：マスメディアが「マス」であることの意義

　マスコミの時代と称された20世紀が終わり、21世紀も10年以上過ぎた現在は、インターネット全盛の時代ともいわれている。インターネットの発達によ

り、私たちは、以前には知る由もなかった多種多様な情報を得られるようになった。世界中の出来事から、マスメディアが立ち入れない組織の内部情報、芸能人のプライバシーまでもがインターネット上で公開されてしまう現在、「マスメディアはもういらない」といった極論まで聞かれることもある。とくに、先に示したようなマスメディアを「批判的」に見ようとする人たちのなかでは、そのような意見は根強いかもしれない。

　しかし、マスメディアはその存在感をすでに失っているかといえば、そうではない。たとえば、新聞協会による2011年調査によると、各メディアの接触頻度は、テレビが98.7%、新聞が87.3%、それに対してインターネットは62.2%である。また、各メディアに対する評価は、「情報源として欠かせない」は新聞、テレビ、インターネットが拮抗しているが、「情報の信頼性が高い」「安心できる」「情報が正確である」「世論を形成する力がある」では、新聞、テレビ（NHK）がインターネットを上回っていた（新聞広告データアーカイブホームページより）。すなわち、多様な情報源としてインターネットが活用されている一方、情報の正確さ、信頼性や世論を形成する力については、まだまだマスメディアに期待されている部分は大きいのである。また、年代が上がるとインターネットの接触率は下がり、新聞とラジオの接触率が高くなるなど、利用する情報源に世代間ギャップが存在することも調査では示されている。マスメディアはこのようなギャップを埋めるための情報を共有できる場としても期待されるのである。

　マスメディアの効果研究のなかでは、2-2で示した「培養理論」や「議題設定理論」（McCombs & Shaw 1972）のように、マスメディアに多く接触する人はマスメディアで示された世界観を共有するようになったり、メディアに現れた各争点の強調が人々のもつ争点の重要度の認知に影響を与えたりするなどの指摘がなされている。すなわち、マスメディアの「マス」性は、人々の共通認識を作り出すように働いてきたと考えられる。インターネットでは情報接触のパーソナル化が進む。人々は多様な情報に接触できると言いつつ、ほとんどの場合、自分が好む、自分に都合の良い情報だけをたどって接触している。インターネットのなかでは、みずからが望まない情報を避けつつ、自分の意見を支持する

情報だけを大量に収集し続けることが可能なのである。

　したがって、インターネットの発達は多様な情報が遍在する世界とはうらはらに、それぞれの人々がもっている知識を分断し「たこつぼ化」してしまう可能性も秘めているのである。そんななか、マスメディアは社会を維持していくために最低限「知っておくべき」共通の情報を知らせる機能を担っていると考えられる。またそれは、自分とは意見や信念などが異なる異質な他者と情報を交換しあうために、みずからは接触しようとしない情報を提供してくれる場としても機能するかもしれない。

　かつては、多くの人に同じ情報を大量に提供することがその特性でもあり、紋切型で一枚岩であることが、また批判の対象でもあったマスメディア。情報が多様化するなかで、社会の共通基盤を提供する役割が今こそ求められているのではないだろうか。すなわち、送り手と受け手双方とも、マスメディアの「マス」性がもつ価値について、再考する時期に来ているのではないだろうか。

（山下　玲子）

【注】

(1) これらの視聴率については、以下のサイトを参考にした。
　　ウィキペディア　ロンドンハーツ http://ja.wikipedia.org/wiki/%E3%83%AD%E3%83%B3%E3%83%89%E3%83%B3%E3%83%8F%E3%83%BC%E3%83%84
　　ビデオリサーチ社　視聴率データ http://www.videor.co.jp/data/ratedata/index.htm
(2) PTA調査では、「見せたくない」番組についての質問項目を平成25年度より廃止するという。この設問の廃止の理由についてPTAは「毎年この部分の調査のみクローズアップされるから」としている（http://news.livedoor.com/article/detail/7786110/より）。
(3) ステレオタイプとは、特定の社会集団の成員がある社会的事象に対して、共通に受け入れられているところの、過度に単純化し、画一化し、固定化した概念やイメージをいう。そして、好き嫌いや善悪の感情をともなっている（古畑和孝編1994『社会心理学小辞典』有斐閣より）。
(4) 日本でのテレビ番組の長期的な影響の調査としては、2003年から12年計画で実施されているNHK放送文化研究所の"子どもに良い放送"プロジェクト（http://www.nhk.or.jp/bunken/research/category/bangumi_kodomo/list_kodomo1.html）がある。
(5) これは、ロスとワードによる「素朴な現実主義」の3つの信念のうちの2つを指して

いる（Ross & Ward 1995 ; 1996)。
(6) このような傾向は「視点取得の失敗」と呼ばれる。
(7) このような傾向を「フォールス・コンセンサス効果」と呼ぶ。
(8) この傾向を、「自信過剰効果（overconfidence effect）」と呼ぶ。
(9) このように人々に共通する考え方の「くせ」を総称して「認知バイアス」と呼ぶ。

【参 考 文 献】

Davison, Phillips, W. 1983, "The Third-Person Effect in Communication," *Public Opinion Quarterly*, 47：1-15.
藤島喜嗣，2007,「素朴な現実主義」山田一成・北村英哉・結城雅樹編『よくわかる社会心理学』I-5, 18-21, ミネルヴァ書房.
古畑和孝編者, 1994『社会心理学小辞典』有斐閣.
Gerbner, George, & Larry Gross, 1976, "Living with Television: the Violence Profile," *Journal of Communication*, 26：173-199.
Gerbner, George, Larry Gross, Morgan Morgan, & Nancy Signorielli, 1980, "The 'Mainstreaming' of America: Violence Profile No. 11," *Journal of Communication*, 30：10-29.
Gerbner, George, Larry Gross, Morgan Morgan, & Nancy Signorielli, 1982, "Charting the Mainstream: Television's contributions to Political Orientations," *Journal of Communication*, 32：100-127.
速水敏彦，2006,『他人を見下す若者たち』講談社現代新書.
川端美樹，2007,「培養理論」，山田一成・北村英哉・結城雅樹編著『よくわかる社会心理学』v-3, 134-137, ミネルヴァ書房.
Lerner, Melvin J., 1980, *The Belief in a Just World: A Fundamental Delusion*, New York: Plenum Press.
McCobms, Maxwell. E. & Donald Shaw L., 1972, "The Agenda-setting Function of Mass Media," *Public Opinion Quarterly*, 36：176-187.
Perloff, Richard M., 2002, "The Third-Person Effect," Jennings Bryant, & Dolf Zillmann eds. *Media Effects*," 2nd, Mahwah, NJ：Lawrence Erlbaum Associates, 489-506.
Ross, Lee, Greene, David, & Pamela House, 1977, "The False Consensus Effects：An Egocentric Bias in Social Perception and Attribution Processes," *Journal of Experimental Social Psychology*, 13：279-301.

Ross, Lee & Andrew Ward, 1995, "Psychological barriers to dispute resolution," Mark. P. Zanna eds., *Advances in Experimental Social Psychology*, Vol. 27, San Diego, CA：Academic Press, 255-304.

Ross, Lee & Andrew Ward, 1996, "Naïve Realism in Everyday Life: Implication for Social Conflict and Misunderstanding," Edward. S. Reed Elliot Turiel & Terrance Brown eds., *Values and Knowledge*. The Jean Piaget Symposium Series, 103-135, Mahwah, NJ：Lawrence Erlbaum Associates.

Savage, Joanne., 2009, *The Development of Persistent Criminality*. Oxford University Press.

Shanahan, James., 1993, Television and the Cultivation of Environmental Concern：1988-1992. Anders Hansen eds., *The Mass Media and Environmental Issues*. Leicester, England: University of Leicester Press, 181-197.

柴内康文, 2001,「インターネットのつくる情報環境」川上善郎編『情報行動の社会心理学』北大路書房, 55-63.

湯川進太郎, 2003,「テレビと暴力」, 坂本章編『メディアと人間の発達』学文社, 41-57.

和田正人, 2006, メディア接触における教員養成大学生の第三者効果：中学生へのTV暴力番組と暴力テレビゲームの規制, 東京学芸大学紀要 総合教育科学系, 57, 455-462.

【参考資料・URL】

日本PTA全国協議会 平成22年度マスメディアに関するアンケート 子どもとメディアに関する意識調査 調査結果報告書, (2013年8月30日取得, http://www.nippon-pta.or.jp/material/pdf/19_mediahoukoku.pdf)

日本PTA全国協議会 平成23年度マスメディアに関するアンケート 子どもとメディアに関する意識調査 調査結果報告書, (2013年8月30日取得, http://www.nippon-pta.or.jp/material/pdf/21_mediahoukoku.pdf)

新聞広告データアーカイブ メディア別接触状況,（2013年8月30日取得, http://www.pressnet.or.jp/adarc/data/data01/13.html)

新聞広告データアーカイブ メディア別評価,（2013年8月30日取得, http://www.pressnet.or.jp/adarc/data/data01/15.html)

吉岡忍「『自分以外はバカ』の時代 ばらばらの個人, 暗鬱な予感」朝日新聞2003年7月9日夕刊第4面

3 テレビジャーナリズムの昨日と今日

マスメディアと大衆の乖離

0 はじめに

　2013年、テレビは60周年を迎えた。人間でいえば還暦。老人というより高齢社会にあって、かくしゃくとしたおじさん・おばさんといったところだろうか。もはや若々しいメディアとは言いにくい。だが、最近でいえば、朝ドラの『あまちゃん』やTBSの『半沢直樹』のメガヒットに見られるように、「じぇじぇじぇ」や、「倍返し」といった言葉が生まれ、実にたくさんの人々の気分まで変えてしまうパワーを秘めている。

　与えられたテーマは「テレビジャーナリズム」。そもそも、テレビはジャーナリズムなのか。テレビを担う人たちはジャーナリストなのか。自分たちはジャーナリストの矜持や覚悟をもって仕事にあたっているのだろうか。問いは尽きない。

　私自身、ディレクター・プロデューサーとして、ドキュメンタリー番組や情報・教養番組を作る場に30年以上身を置いてきた。そのなかで、ジャーナリズムという言葉に違和感はなかった。立派とは言えないものの、当然のことながら、ジャーナリストの端っこにいると思ってきたし、テレビ局から離れた今も、ジャーナリストの旗は降ろしていない。私がテレビ局にいた時も、自分たちはあくまでテレビ屋であり、放送局の組織人であって、ジャーナリストなんておこがましいという人も多かった。何かこそばゆいというのである。このこそばゆさの正体は何か。現場の人間のいわく言い難い実感については、東京大学の林香里・谷岡理香がまとめた『テレビ報道職のワーク・ライフ・アンバランス～13局男女30人の聞き取り調査から』（2013）に詳しいので参考にしてほしい。

　前置きが長くなった。60歳を迎えたテレビが、今大きな過渡期を迎え、問題

をかかえていることはたしかだ。まず、近年、テレビを表すもっとも辛辣な言葉、「マスゴミ」から考えていきたい。

1　マスゴミって何だろう

　マスコミュニケーション略してマスコミあるいはマスメディアは、新聞・雑誌・テレビ・ラジオ・宣伝広告業界などのことである。そのなかで、とくに標的となるのは、新聞と放送である。インターネットのなかには、マスコミではなく、「マスゴミ」という言葉があふれている。マスの「ゴミ」、つまりけがらわしいもの、唾棄すべきものというニュアンスがそこにある。ずいぶんな言葉だ。これまでも、ブンヤ・テレビ屋・トップ屋という物言いはあった。「あまちゃん」でふたたびブレイクした俳優・小泉今日子は、その昔アイドル時代、この世で一番嫌いなものはマスコミと言っていた。わかる気もする。しかし、彼女の時代は、マスゴミという言葉はなかった。先日の藤圭子さん、つまり宇多田ヒカルさんの母親の自殺。葬儀場に向かう、あまりに憔悴した宇多田さんを、容赦なく追いかけるテレビカメラの列。かつて、批判の対象は週刊誌や夕刊新聞などのゴシップ記事だった。しかし、今やそんなものはほとんど批判さえされない。言葉はきついが、言っても無駄だからだ。たとえば、首都圏の夕刊紙・東京スポーツなどは、マスゴミとは言わない。時には泥のなかに咲いた一輪のハスの花のように、賞賛されたりもする。一方、大手テレビ局のワイドショーなどは、マスゴミとして語られることが多い。さらにNHKと三大新聞もマスゴミとしての批判をあびることがあるが、若干ニュアンスが違う。マスメディアのなかでもっとも信頼されているのは、NHKと三大新聞。2012年の新聞通信調査会の調査でもはっきり出ている。信頼度は60～70％あたりか。世界のレベルからみても、非常に高い。かなり信頼されながらも嫌われる。これが日本のメディアの特徴だ。かれらをマスゴミと呼ぶにあたっては、覗き趣味や遺族などへの人権侵害が問題なのではない。どこか権威主義的で、人のありよう、社会のあるべき姿について教訓を垂れ、自分たちは、絶対に正しいというにおいがする。ほかの業種に比べて高給をもらい倒産

のおそれもない。正論なるものをいつでも発信できる、リスクをかかえない恵まれた人たち。そんなところが、マスゴミといわれるゆえんのように思われる。

② 大本営発表と揶揄される

　もうひとつの批判の言葉に「大本営発表」という言葉がある。もちろん今の日本に大本営は存在しない。かつて戦時において、戦意を高揚し、たとえ負けていても、連戦連勝だという虚偽を伝え続けたことを、揶揄する意味として用いられる。今もっとも頻繁に使われているのは、福島第１原発事故の報道においてである。首相官邸・保安院（当時）・東京電力の記者会見では、一般の人には理解できない専門用語が散りばめられ、どれほどの危機が迫っているのかを、知ることが困難であった。言うまでもなく、メディアは、国民の知る権利の代行者である。しかし、国民がもっとも知りたいこと、たとえば、いつになったら収束するのか、いつ自宅に帰ることができるのか、溶け出した核燃料はどうなっているのか、といった根本的な疑問には、まったく応えられていない。記者会見における追及の手は甘く、専門のスポークスマンにたやすくからめ捕られてしまう。気を吐くのは、亡くなった日隅一雄弁護士であったり、コメディアンのおしどりであったり、フリーランスの記者であったりする。記者クラブに属する大手メディアの記者たちの多くは、会見場で、ただパソコンに黙々と向かい、鋭い質問もしない。政府や東電の言い分を垂れ流すだけ。独自に調べ、現場に行くことに労力をかけず、その日その日に追われ、継続的に追いかけない。事前にわたされる資料と、レクチャーにおんぶにだっこ。あげくは、問題点や突っ込みどころまで先方から指南してもらうという腐りきった記者クラブ依存の発表ジャーナリズムが、読者・視聴者から批判をあびることになった。それが、今日ふたたび、大本営発表という言葉が、地の底からよみがえった理由だと思う。

　マスメディアが、政府や企業の代弁者になり下がり、国民に真実を伝えない。この批判は、何も日本に限ったことではない。たとえば、お隣の韓国。南西部にある全羅南道の光州。ここで1980年に民主化を求める大規模な民衆蜂起があ

った。日本では光州事件といわれる光州民衆抗争である。この時、公営放送である KBS や MBC は中継車を出した。しかし、軍部の暴力や苛烈な弾圧の実態はまったく報道されなかった。メディアが、真相を正確に伝えたのは、7 年後の 1987 年以降民主化が達成されてからである。また、1989 年の中国の天安門事件。学生や労働者たちが天安門に集結。本来の社会主義、よりよき社会を求める人々の要求は、軍の戦車などによって圧殺された。しかし 24 年たった今も、真相は明らかにされていない。

　もう一度、日本に目を転じよう。福島の原発事故以降、大手メディアは首相官邸周辺や経産省前の脱原発の行動にも冷ややかで、記者クラブでの発表ネタ以外は、ほとんど紹介しない。これもまた大本営発表という批判を浴びるゆえんである。そんななか、市民たちは、撮影のために官邸クラブのある建物の屋上の使用を求めたりもした。どれほどたくさんの人たちが集まっているのか伝えるために、市民がお金を出しあって、ヘリコプターを雇い、ネットで空からの様子を生中継することも始まった。結集した名前は「正しい報道ヘリの会」。つまり、大手メディアは正しくないという烙印を押されたのだ。そんなうっぷんや怒りが、彼らをして、マスゴミや大本営発表という言葉を吐かせるのだ。これは、思いのほか深刻な事態だと思う。

③　そもそも放送は通信から始まった

　ネット時代にあって、放送と通信との融合が議論され、アメリカではすでに垣根が取り払われたと言ってよい。今の人たちは、放送が先で、通信が後と思うかもしれないが、歴史は逆である。

　19 世紀末、無線通信の技術は巨大なビジネスに変わった。海軍や気象の通信網が、可聴周波数の音声の無線伝送に展開し、今日のラジオにつながった。20 世紀はじめのセントルイス万博は、ワイヤレスと呼ばれるラジオが、大変な人気を集めた。そして 1920 年代、アメリカは空前のラジオブームに沸いた。

　みなさんは、コミュニティラジオは、大手のラジオへのカウンターとして生

まれたと思うだろうが、これもまた逆だ。最初は、デパート、家の屋上、教会、大学……そういったところが、ラジオ局を開設した。みんなラジオブームに乗り遅れるなという時代だった。名古屋大学の河村雅隆教授によれば、自動車や楽器販売の会社、警察・消防・鉄道がラジオ局をもっているところもあった。小さなメディアが乱立したのだ。

　そんななか、ラジオがもっとも威力を世に知らしめたのは、ハーディングの大統領誕生を知らせる開票速報だった。新聞社に入ってくる情報が電波に乗り、人々はリアルタイムで熱狂した。放送というメディアの即時性が広く認識された瞬間であった。ラジオは、その後テレビという巨大なメディアに引き継がれ、コミュニティーの範囲から、全米を覆うネットワークへと進化していく。

　ここで重要なのは、放送に使われる電波は、混信をさけるために、厳密なすみわけが必要であり、秩序に従って放送は扱われなければならないという考えと、政府の介入は避けるべきであり、放送の自由が最大限担保されなければならないという考えが、激しくぶつかってきたということだ。そのようなぶつかりあいを経た結果、電波という公共財は、あくまで公共のために使うべきであり、何を放送してもよいということにはならないという縛りが作られるようになった。1934年、つまりラジオ時代に生まれたアメリカ通信法は、1996年電気通信法になるまで60年以上、アメリカの通信と放送の根幹を律することになる。そこには、こういう文言がある。「国の防衛のため、そして権限を集中させることによって、政策の効果的な執行を可能にする……」。これは、どういうことを意味するのか。現代にひきつけながら、少し深く考えてみたい。

4　放送は政策を国民に知らせる道具なのか

　アメリカにおける通信法。そこに書かれた、政策の効果的な執行を可能にするための道具としての放送。このことは、ジャーナリズムと真正面からぶつかる考えだ。アメリカの放送は、日本やイギリスと違って企業が担ってきた。しかし企業の営利のためだけに放送が運営されるのはまずい。放送は単なるひま

つぶしや娯楽だけではない。人々の教育や情操のために活用すべきだ、と多くの人は考えた。

アメリカを代表するビジネス雑誌フォーチュンが、1939年に行った調査。1929年のウオール街の株価大暴落以降、度重なる恐慌のなか生活苦を経験したアメリカ人に、このようなことを質問している。「もし、映画とラジオのどちらかをあきらめなければならないとしたら、どちらを手放しますか？」。答えは、80％のひとは「映画をやめる」と答えた。ラジオなしで生活できると答えたのはわずか14％だった（河村 2011）。

これほどの影響力をもつラジオに政府も注目しないわけはない。フランクリン・ローズヴェルト大統領は、ラジオの「炉辺談話」で、貧困にあえぐ国民にニューディール政策を、まるで伝道師のように優しく語りかけた。これは、放送の歴史のなかで、一種の美しき物語として語られることが多い。だがちょっと待ってほしい。現職の大統領が、国民に向かって、談話の形で語り続ける。生涯にわたる出演は300回にのぼる。いいのか。ほんとうにいいのか。わたしは、やはりおかしいと思う。大統領が放送に出演することは、ありうるだろう。しかし、ジャーナリズムの根本は権力の監視である。これは、今も昔も、見果てぬ課題である。権力は誤り、腐敗する。例外はない。そして戦争などの非常時において、誤りは最大化する。メディアもまた間違う。国民を扇動し誤った方向に導く。権力と同じく、戦争の時にそれはもっともひどい形で展開する。

思い出してほしい。日本において、新聞が大衆メディアとして認知され、爆発的に売れたのは、日露戦争の時であった。なにも、与謝野晶子の詩『君死にたもうことなかれ』という反戦・非戦の思想が支持されたからではない。国民は勝利の快感に酔いたくて、新聞を買い求めたのである。先ほど、私は「大本営発表」のことを書いた。アジア・太平洋戦争においても同じである。ラジオは戦果を伝え、人々は熱狂した。国民意識を一元化し、一丸となって行動するために、メディアはその先導役となった。

しかし、ジャーナリズムの役割は本来そうであってはならない。ともすれば、根も葉もないうわさに惑わされ、排他的・暴力的になりがちな国民に冷静を呼

びかけ、理性的な行動を促すことこそが、ジャーナリズムの使命である。たとえば、フランスのドレフュス事件。ユダヤ人のエリート将校は、無実にもかかわらず、ドイツのスパイとされ流刑に処せられた。そこで敢然と論陣を張ったのは、作家でありジャーナリストであったエミール・ゾラであった。「われ告発す」と題した、1面の大きな署名記事は、裁判の不当性を世に知らしめ、フランス社会の理性を喚起し、ドレフュスの権利と名誉の回復を導いた。ベトナム戦争の不毛と嘘を伝えたアメリカのPBS放送、フォークランド戦争の悲惨さを伝えたBBC……それらは、権力の暴走を食い止める上で、重要な役目を担った。だが、今の放送界を見てみると、必ずしもそうしたジャーナリズム精神が十分に発揮されているとはいえない。

❺ 公正原則は呪縛か自由を担保するものか

　先ほど、電波は限られた公共財だといった。限られた資源。それを有効に使うために、一方的な情報だけ流すことは、公共の利益に反する。さまざまな意見があることを伝え、また論争がある時は、複数の意見を伝える。これが、放送における公正原則である。アメリカにおいて、放送の公正性を担保するにあたって、強力な権限を有するのが、1934年の通信法によって生まれたFCC（アメリカ合衆国連邦通信委員会）である。立法・司法・行政の3権からも独立し、政治や政党からも介入を受けないというのが建前である。しかしレーガン大統領は、FCCの公正原則を目の敵にし、1987年、公正原則条項は撤廃した。今もアメリカのメディアにおいて、公正原則がすべてなくなったとはいえないが、明文化された公正原則はもはやない。

　アメリカの放送を律してきたFCC。それを貫く公正原則は、レーガンのような保守陣営だけでなく、極右からもリベラルだとされるジャーナリストからも批判されてきた。まず極右勢力。これは、1950年代のアメリカを覆ったマッカーシズムを例に見るのが、わかりやすいだろう。国務省、米軍、大学、映画界、そして放送界のなかに、ソ連のスパイが紛れ込み、アメリカを共産主義の脅威にさらそうとしている。これが、マッカーシー上院議員の中傷攻撃だった。時

の大統領でさえ、マッカーシーの妄言におびえ、異を唱えることができなかった。多くの人々が、マッカーシーの標的となり、職場を追われ、社会から抹殺された。FCC もリベラルの牙城として攻撃され、委員長はマッカーシーの息のかかった人間に首をすげかえられた。その結果、全米のなかのリベラルな放送局は、免許更新が見送られ、放送局の機能を剥奪されたところもあった。

そうしたなか、マッカーシーに闘いを挑んだ放送人がいた。CBS の伝説のキャスター、エド・マローである。彼は、「See It Now」において、マッカーシーの発言の多くに根拠がないことを、実証的に伝えた。マッカーシーによって共産主義者のレッテルを貼られた人々や関係者の肉声が多用される。同時録音のフィルムが最大の効果を発揮した。マローは、番組のなかでマッカーシー本人にも語る機会を与えた。公正の原則は踏み外さず、視聴者に判断をゆだねたのだ。結果は、マローに軍配が上がり、マッカーシーは、多くの批判を受け、影響力を失い、ついには酒におぼれ政治生命を失った。あっけないほどの幕切れによって、アメリカ社会は過剰な赤狩りの恐怖から解放されることとなった。この時マローが依拠したのは、フランス革命の精神を受け継ぐよきアメリカの建国の精神であり、つまりマッカーシーはアメリカの伝統を毀損するものだという論陣を張ったのであった。私こそ、アメリカを愛しているという愛国の精神が、マローのよりどころだった。アメリカの放送史に燦然と輝くマローの闘いは、映画『グッドナイト & グッドラック』に忠実に描かれている。放送の現場は、生身の人間がうごめくところだ。組織の論理や政治家の介入、スポンサーとの関係など、切れば血が出る現場である。学ぶことが多いのでぜひ見てほしい。

6 放送は愛国的でなければならないのか

マッカーシーに挑むにあたってよりどころとした愛国主義。これはとても難しいテーマだ。マローは、放送でマッカーシーより私の方がアメリカを愛していると言った。そのアメリカとは、自由であり、寛容であり、共産主義とは無縁であるというものであった。しかし、現実のアメリカ社会は、しばしば寛容とは逆

の方向に進んできた。そのことが顕著なのは、最近でいえば9・11同時多発テロの直後であった。すでに公正原則から解き放たれた放送業界は、FOXニュースを筆頭に、アフガン憎し、イラク攻撃すべし、アメリカ万歳の論調に覆い尽くされた。かつてベトナム戦争をやめさせる上で、大きな貢献をしたテレビは、戦争は当然というニュース一色となった。異をとなえることは許されなかった。このことは、ドキュメンタリー番組『ピースフル・トゥモローズ』に詳しい。

イギリスにおいても、かつてフォークランド戦争の時、サッチャー首相に批判的だったBBCの従軍報道に歯止めがかけられ、愛国的な報道が求められた。しかし、BBCは断じて「わが軍」という表現は用いず、「イギリス軍」と言い続けた。このことは、世界の公共放送とされてきたBBCの矜持を示すものだとして賞賛された。

時は流れ、イラク戦争。米英両軍が、攻撃にあたって最大の根拠としたのは、大量破壊兵器の存在であった。しかし、それらは存在せず、米英の両国政府は開戦の段階でかなりの確率で、その事実をつかんでいたことが明らかになっている。放送は、開戦やむなし、アメリカやイギリス本土を守れ、国を愛せよという声に押され、歯止めをかけることができなかったのだ。

ではなぜ、放送は愛国的でなければならないのだろうか。簡単に答えられることではないが、まず言葉の壁、つまり視聴者のほとんどが自国民であるということがあげられるだろう。戦争という、究極の非人道的行為を国家が行うにあたって、自国民を守るといった大義が、メディアによって洪水のように流される。そうした国家によるプロパガンダがないかぎり、戦争を始め、継続することは不可能だ。戦争は国家と国家の闘いではあるが、その一方で、国家によって自国民が戦場に送られ、殺されることでもある。それを正当化するためには、戦争の相手が安寧を破壊するモンスターであり、殺害してもかまわない対象というイメージが共有されていなければならない。放送はそのための道具と化す。しかし、ジャーナリズムはそれとは対極にある。正義といわれるもののなかの嘘を暴き、相手も同じ人間であり、平和というものがいかに尊いかを伝える。

戦争の本質を伝えるジャーナリズムほど、国家と対立するものはない。大衆

自体は、愛国の名のもとに行われる戦争の正当性を疑うことは、至難の業である。自国の兵士の奮闘に拍手は送っても、自国軍の残虐行為を知りたいと考える民は少ない。みな戦争の大義と勝利に酔いたいのだ。負けるより勝つことが好まれ、正義や理性より、献身、自己犠牲、美談が好まれる。

7　エド・マローでさえも水爆実験を否定しなかった

　これは、アメリカのテレビジャーナリズムの金字塔であるCBSの「See It Now」そしてキャスターのエド・マローにおいても例外ではなかった。マローが、ファナティックなマッカーシー上院議員と闘っている時、アメリカはソ連との核兵器開発競争のさなかにあった。1954年3月。太平洋マーシャル諸島ビキニ環礁において、アメリカ原子力委員会は、6回の水爆実験を実施した。その地には島民が住んでおり、漁船や貨物船が航行していた。そして、周知の通り、焼津のマグロ漁船・第五福龍丸の乗組員23人を含め多くの人々が死の灰を浴びた。しかし、マローの良心的番組は、この世紀の事件をまったく伝えなかった。仮にアメリカ人が同じ目にあったらと想像する。きっと大きな特集として扱ったことだろう。愛国者であったマロー。しかし、マーシャル島民や日本の漁民は、人権を尊重され守られるべき対象ではなかった。マローは、ベトナム戦争についても、厳しい目を注ぐことはなかった。目が曇っていたというつもりはない。メディアの人間が、愛国的という過度な呪縛から解放され、広い視野から問題を指摘することは、並大抵なことではないということに改めて気づかされる。

8　テレビは国境を越えられない？

　日々のニュースは、痛ましい出来事にあふれている。2013年夏、シリアで化学兵器サリンが使用され、多くの市民、子どもたちが虐殺された。映像はテレビでもネットにもあふれ、世界中の人が目にすることとなった。当初、アメリカとイギリス政府は共同歩調で、アサド政権への空爆の用意があることを表明。

攻撃の準備に乗り出した。しかし、英国下院議会はそれに反対。その後、ロシアの調停案が機能し、空爆は避けられた。イラク戦争において、アルカイダ殲滅、サダム・フセイン政権打倒こそ、国際正義だと言っていたのとは異なる展開となった。推測の域を出ないが、これには、イラク戦争当時の、BBCと英国ブレア首相との激しいせめぎあいが影を落としていると、私には思える。あの時、BBC会長は、スキャンダルという不運にも見舞われ、時のブレア政権に完全敗北した。しかし、去り際にハンドマイクで職員に呼びかけた。BBCの誇りを捨てるなと。誇りとは、BBCがもつテレビジャーナリズムの精神であった。国民の知る権利に奉仕することは、最終的に国民の利益につながる。短期的には、国のプライドを損なうように見えても、虚偽の根拠に基づく戦争に踏み切ることは、英国の国民全体の不利益につながる。その姿勢は、世界の公共放送を引っ張ってきたBBCならではの見識だ。

　だが、フォークランド戦争や、1991年のゴルバチョフ大統領によるリトアニアでの虐殺に見るように、メディアが自国の軍事行動の間違いを批判することは簡単ではない。自国の視聴者から、総スカンを食いかねないからである。だが、それができないかぎり、テレビジャーナリズムなど本物ではない気がしている。

❾ 日本のテレビジャーナリズムのたどった道

　改めて日本のテレビジャーナリズムのことを考えてみたい。ラジオは戦前からあり、まさしく戦争の道具であった時期がある。だが、敗戦から8年後にスタートしたテレビはそうではない。放送法とは、日本国憲法を、放送において具現化するための法律である。基本的人権・平和主義・主権在民、これらを実体あるものにするために、放送はなければならない。放送は民主主義の実現のために役立たなければならない。民主主義とは何か。言論と表現の自由。そして少数者の尊重である。言い換えれば、戦争を防止し、多文化共生社会のために、放送は寄与しなければならないし、もしそれが危機に瀕する場合、放送は、放送を通じて、その危機を回避するための行動をとらなければならないということである。

先に述べた、バルト3国独立の際、ソ連軍はリトアニアの首都・ビリニュスの放送局を占拠。多くの若者たちが、放送局を守るために闘い、命を落とした。1968年、チェコスロバキアのプラハの春の際ソ連とワルシャワ機構軍の戦車が市民を蹂躙した時も、放送は最後まで抵抗し、自由を訴えた。本来あってほしくはないが、放送の現場ではそうした命がけの局面を迎えることがある。現代史をひもとけば、テレビジャーナリズムは、血と涙とともにあった。

　日本においてはどうだったろうか。1954年、前述のビキニ事件の直後、まだ産声をあげたばかりの新聞とテレビ・ラジオの科学ジャーナリストたちは、水爆実験の後の放射能汚染を調査するため、アメリカ政府の警告を押し切って、専門家とともに、調査船・俊鶻丸に同行し、その実態を伝えた。そうした行為は、実に3,000万人の署名にもつながり、地球規模の核廃絶の動きにもつながっていった。ヒロシマ・ナガサキの被爆者についても、占領下におけるアメリカの厳しいプレスコードによって、広く国民が知ることを許されなかった。だが、原爆の絵を市民が描く運動をNHK広島放送局が呼びかけたこともあって、今日まで被爆体験は図像として残っている。水爆実験で被災した第五福竜丸にしても、ドキュメンタリー番組や新聞の根強いキャンペーンによって、永久保存にこぎつけた。広島原爆ドームもしかりである。放っておけば風化し、消えてしまうものであっても、事態を世の中に知らしめ、記憶にとどめ、何らかのアクションにつなげる。

　かつて、放送の草創期においては、その即時性と同時性ゆえに、テレビマンユニオンを起ち上げた萩元晴彦氏らに、「お前はただの現在にすぎない」と言わしめたテレビ。しかし、60年たってみると、テレビジャーナリズムは、ただの現在だけでなく、過去を物語り、多くの証拠を共有するためのかけがえのないツールであることがわかる。

⑩　改めて2013年のテレビジャーナリズムを考える

　この原稿を書いている2013年。この年は後世どのように語られるであろうか。フクシマの事故は収束に向かわないどころか、地球規模の海洋汚染に打つ

手すらない。そんななかでの、原発の再稼働や新設の動き。海外への原発プラントの輸出。解決の道筋が見えない使用済み核燃料の最終処分……。これらに危機感を覚え、声をあげる人は少なくない。しかし、放送はこの深刻な問題に十分こたえているといえない。それは、テレビ草創期、ビキニ事件に対峙したジャーナリストたちにくらべ、あまりに非力であるといわざるをえない。原発について言えば、アメリカCIAの命を受けて、日本最初の民放テレビである日本テレビは、讀賣新聞ともに、原発推進の大キャンペーンを実施した。電力会社は、安定的かつ巨大なスポンサーとして、民放局だけでなくNHKにも発言力をもち、放送局側もそれによって潤った。それは、放送局という企業の経営にとっても無視できないものであっただろう。しかし、広島・長崎・ビキニを経験し、フクシマの事故に今まさに直面する日本のメディアとしては、経営とは異なる、ジャーナリズムとしての矜持があってしかるべきではないか。

2013年夏。島根県松江市で、ヒロシマを描いたひとつの漫画をめぐって、大きな注目が集まった。中沢啓治さんが40年前から連載を始め、合計1,000万部、世界20か国で翻訳されている『はだしのゲン』全10巻を、学校図書館において子どもの目にふれさせず、貸し出しもできなくするという措置を、地元教育委員会がなかば命令のかたちで徹底させたことが、市民の抗議をきっかけに発覚した。スクープは地元の山陰中央新報。ブロック紙・中国新聞や、全国紙がフォローし、民放・NHKが続き、国民の知るところになった。かつて、初のアフリカ系の米大統領、バラク・オバマが当選するにあたって、重要な役割を果たしたインターネット署名サイト、チ

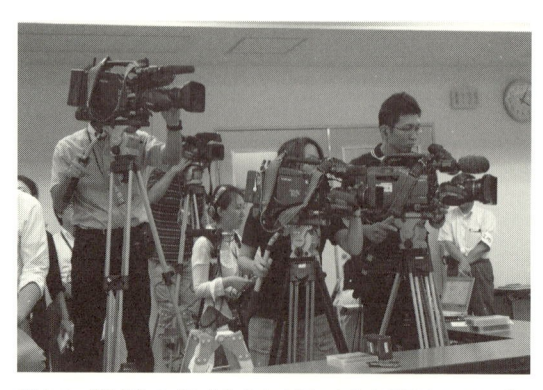

図3-1 『はだしのゲン』をめぐる松江市教育委員会のテレビ取材 (撮影永田)

ェンジ・ドット・オーグの日本支部がプラットホームを提供し、わずか1週間で21,000人の署名が集まり、メディアや現代史・表象・文学研究者およそ500人の署名も寄せられた。そのことを大手メディアが伝えた。教育委員会の検討会議の当日朝、NHKは、判断の撤回の可能性を伝える長い企画ニュースを、全国放送した。ことは、言論・表現の自由と、子どもの知る権利、戦争の被害と加害、開戦や終戦の責任や戦後責任、アジアの歴史認識など、多岐に及ぶ。しかし、テレビメディアが、基本的人権の根幹に関わるものとして受け止め、意思表示を鮮明に行ったことは、特筆すべきことだ。私は、松江市の現場でその顛末を目撃した人間として、そこに可能性を感じた。

　大手メディアとインターネット、そして市民の、健やかな連携。大手の新聞とテレビは、市政クラブの発表ネタに頼るのではなく、学校現場に足を運び、学校教育法や図書館の自由をふまえた調査報道を行った。それとネットがつながったのだ。この出来事は、一歩間違えば、グロテスクな泥仕合に発展したかもしれない。教育現場の独立性や裁量が侵害される危険性だってあった。だが市民の良識とメディアの良識が、暴走や悪しき忖度を食い止めたともいえる。もはや放送の時代ではないというのは間違いだと思う。放送だけでなんとかできるというのも間違い。ネットを過信するのも間違い。市民の声だってすべてが正しいわけでなく、噂に踊らされることもあれば、草の根民主主義の危うさだってある。

　だからこそ、放送ジャーナリズム、とりわけテレビジャーナリズムは、育っていかなくてはならないのだ。エド・マローの時代、テレビは娯楽ばかりでジャーナリズムにおける将来はないという声は強かった。その時から、さまざまな人たちの努力で、テレビは曲りなりにもやって来られた。日々の研鑽を止めたとたん、テレビは死ぬ。まるで泳いでいないと窒息してしまうマグロのように……。

　テレビは、5年に1度の放送免許更新という縛りのなかで、行政と決定的な対決はできない。NHKにおいては、事業計画と予算を国会で審議されるため、時の政府や政治家との距離を健全に保つことは難しい。この原稿を書いている2013年の冬、NHKの新しい経営委員や新会長をめぐる動きには、大きな心配

を覚える。時の政権が公共放送を私物化してはならない。そして、特定秘密保護法案。外交と安全保障、テロ対策の名のもとに、国民が監視下に置かれ、知る権利が奪われ、情報公開の流れと真逆の怒涛の流れ。このことを語る紙面は残っていないが、マスメディアにとっても重大な危機であることは間違いない。

　テレビが大衆のメディアであることに変わりはない。政治家が選挙によって選ばれるように、テレビやラジオは視聴者から選ばれる。そこが揺らぎ、支持を失った時、命脈は尽きる。マスゴミなどと言われることがあってはいけないのだ。そのためにも、時代を見つめ、時代とともにあり、未来と過去を見つめるジャーナリズムが必要なのである。それはまだ極められてなどいない。始まったばかりだと思いたい。これは、人生の大事な時期に、多くの仲間とともにテレビに長く身を置いた私の実感であるとともに、願いでもある。

　本章を仕上げる直前の 2013 年 12 月、大論議を引き起こした特定秘密保護法が強硬な手段で可決成立した。多くのジャーナリストが NO の声を上げたにもかかわらず。言論の自由、知る権利への深刻な危機である。テレビジャーナリズムのありようは、まさにこれからが正念場を迎える。しっかり事態を注視し、学んでほしい。

（永田　浩三）

【参　考　文　献】

林香里・谷岡理香編著, 2013,『テレビ報道職のワーク・ライフ・アンバランス』大月書店.
稲葉三千男, 1979,『ドレフュス事件とゾラ』青木書店.
河村正隆, 2011,『放送が作ったアメリカ』ブロンズ新社.
A・ケンドリック『ヒトラーはここにいる　アメリカ放送現代史の体現者エド・マローの生涯』(岡本幸雄訳　サイマル出版会　1969)
永田浩三, 2012,「3・11 までなぜ書けなかったのか」『アジア記者クラブ通信』5 月号, 2-4.
永田浩三, 2013,「はだしのゲンの閲覧制限問題」『子どもと教科書全国 21 ネット』10 月号, 2-3.
永田浩三, 2014,「NHK 会長　その政治的で不可解なもの」『世界』2 月号, 岩波書店, 170-175.
大石又七, 2003,『ビキニ事件の真実』みすず書房.
田草川弘, 1991,『ニュースキャスター　エド・マローが報道した現代史』中公新書.

インターネットと
ジャーナリズム

誰でもニュースを伝えられる時代のメディアのあり方

⓪ はじめに

　この本の読者の多くは今、おそらく日常は、新聞やテレビではなく、インターネットでニュースを知ることだろう。デバイスも、パソコンだけでなく、スマートフォン（スマホ）やタブレットと、多様化しているはずだ。

　ジャーナリズムの世界にも、革命的なことが起きている。それはインターネットというニュースを伝える「プラットフォーム」がもたらした、構造的な変化なのだ。

　ライフスタイルも変化した。ネットではリアルタイムで情報が更新されていくので、1日に2回しか発行されない新聞なんて遅すぎると、みんな思っている。わざわざ飲み会を切り上げて、「報道ステーション」を家で観ようとは、誰も思わない。

　ネットのニュースは、新聞やテレビのサイトからではなく、むしろヤフーのようなポータルサイトや、ツイッターやフェースブックで伝え聞くような形で入ってくるようになった。これは楽で便利なことだけど、よく考えてみると、けっこう心配なことも多い。あなたが直接知らない「友だちの友だち」から聞いた情報は、そんなに信用できるものだろうか？　新聞を読む人が減ると、世の中で、多くの人が知らずにいる重大な問題が増えていかないだろうか？

① インターネットがもたらしたインパクト

1-1：「国民総表現社会」が来た

　総務省の「平成24年通信利用動向調査」によると、日本では2012年末で、5人に4人が、自宅や職場のパソコン、スマホやタブレットなど、なんらかの形でインターネットを利用している。2001年には人口の50％を切っていたから、驚異的な伸び率だ。

　ニュースとの接触に限定して、人々の行動パターンがどのように変わったのかというデータは日本にはない。代わりに、ワシントンに本拠を置く、ピュー・リサーチ・センターの「インターネットと米国人の生活様式プロジェクト（Pew Research Center's Internet and American Life Project）」の2010年の調査を見てみよう。

- 「普通の日に、必ずインターネットを使う」人の割合は、2000年に25％だったものが、2010年には62％まで増えている。
- ニュースを得るために、複数のプラットフォームに頼る人は、92％に達している。約6割の人は、そのプラットフォームのなかにインターネットが含まれている。
- ネットユーザーのうち5人に2人（37％）が、ニュースにコメントを付けたり、ツイッターやフェースブック（FB）にニュースのリンクを貼り付けたり、拡散したりしている。

　インターネットがもたらした最大の変化は、新聞やテレビの「優位性」がなくなってしまったことだ。インターネット以前には、たくさんの紙面を短時間で印刷できる高性能印刷機や販売店網を持っていたために、あるいは、テレビ受像器に届けられる電波の使用を独占的に認められていたからこそ、新聞やテレビに価値があった。つまり、世の中の人々に届く「プラットフォーム」を独占していたわけだ。

　しかし、今やネット上では、誰でもブログで世の中に情報や意見を発信し、自分で映像を撮影し、編集してアップすることができる。「メディアが民主化し

た」と言ってもいい。実際に、研究者や評論家などのなかには、新聞よりも深く詳しい内容をウェブサイトやメルマガなどで公開している例もある。しかし、あまりにたくさんの情報がネット上にあふれ、確かなものはどれなのか、多くの人が不安に思っているのも、また事実なのだ。

1-2：ニュースの消費が変わった：「オンデマンド」時代の到来

　今までは、新聞をパラパラめくれば、見出しやリード（記事冒頭の要約文）が自然に目に入ってきた。記事の位置や見出しの字の大きさで、重要性も判断することができた。また、テレビの番組を、ボーッと眺めていれば、順番にニュースが流れてくれた。

　今や、ニュースを知る方法が根本的に変化した。時間の制約がなく、好きな時に好きな情報を取ることができるインターネットの利用が爆発的に増えた。今までのニュースが、口を開けていれば、メディアの方がニュースを選んで、まとめて放り込んでくれる、「パッケージ」型だったのに対し、ネットのニュースは、自分で好きなものを選び、掘り進めていく「オンデマンド」型に変わった。

　インターネットで最初に現れたのは、みずからは取材を行わず、ニュースを集め、独自に選んでまとめる、「アグレゲーター」と呼ばれる、ヤフーニュースやグーグルニュースなどのサイトである。ユーザーは、見出しを見て、好きなものをクリックして閲覧したり、記事が掲載されているサイトに飛んで、中身をチェックする。深く知りたければ、検索して、他の情報を探すこともできる。

　近頃は、新聞社のウェブサイトなどが、いろいろ工夫をしているが、基本的には、どのサイトも、新しいニュースが上の方に来る仕組みになっていて、記事がどのくらい重要かは、紙面ほど詳しく教えてはもらえない。自分で判断しなければならない世界になった。

1-3：ソーシャルメディアで「シェア」されるニュース

　インターネットがニュースの世界を変えたと言われる大きな要因は、ツイッ

ターやフェースブックなどのソーシャル・ネットワーク・サービス（SNS）だ。2012年10月にアメリカのツイッター本社が明らかにした数字によると、世界では1日に約5億の、最大140文字のメッセージが発信されている。また、FB本社によると、2013年5月、世界でフェースブックのユーザー数は11億人を突破した。

　アメリカのジャーナリズムの調査機関「すぐれたジャーナリズムのためのプロジェクト（Project for Excellence in Journalism：PEJ）」が毎年発表している「ニュースメディアの現状」という報告書の2013年版では、全米で18歳から29歳までの4人に1人が、ソーシャルメディア経由でニュースを得ている。また2011年の別の調査では、100万以上のブログや、SNSのコンテンツを集計したところ、約8割の話題が新聞やテレビ発のニュースであった。

　今までは、口コミで伝えられていたものが、今やSNS経由で急速に拡散されるようになった。ツイッターの「リツイート」機能で、情報を受け取った人が、それが大事だと思えば、さらにそれを自分の知り合いに拡散していくという、伝達の連鎖が生じている。特定の話題には「ハッシュタグ」という、「#」マークで始まる目印がつけられ、誰もが自由に意見を述べあえるようになった。ニュースについて、今までは、直接の接触など望むべくもなかった政治家や専門家らと一般の人が、対等の立場で自由に意見交換できる「フォーラム」ができたという意味では画期的なことだ。しかし、残念ながら日本では、ソーシャルメディアを匿名で登録している人も多く、ニュースをもとに、社会のあり方などをディスカッションする文化が育っているとは言い難い。今後、この仕組みを参加型のジャーナリズムとして発展させていけるかどうかは、ユーザー一人ひとりの自覚にかかっているのだ。

❷　ネットのニュースビジネスの可能性

2-1：新聞やテレビは「終わったコンテンツ」?

　新聞やテレビという、いわゆる「伝統的なメディア」から、インターネット

への大規模な「人口移動」が起きているのは間違いない。しかし、日本には、どのくらいの人たちが、ニュースを得るメインの手段をネットにシフトしたのかを示すデータが乏しい。また、新聞を読んだり、テレビのニュースを観たりするのをやめてしまった人たちが、ネット上でも、同じ時間や労力をかけているかどうかも、正確には、わからないのが実情だ。

　日本新聞協会のデータで2000年と2012年の新聞の発行部数を比較してみると、約600万部、11％も減少している。2008年には「1世帯あたりの部数」が1.0を切った。「家に少なくとも1紙は新聞が配達されている」という時代は、すでに過去のものになった。

　新聞の販売収入と広告収入などを合計した総売上高も、1999年度から2011年度のあいだに、5,000億円あまり、約20％も減少したことになる。とくに広告収入は、半分近く落ち込んでしまっている。

　テレビは新聞ほどには、まだ売上などの大幅な下落は免れているものの、とくに若者のテレビ離れは深刻なようだ。NHKが2010年に実施した「国民生活時間調査」によれば、平日は10～30代の男性の5人に1人は、まったくテレビを観ていないことがわかった。とくに10～20代の男性のネットシフトは顕著で、2013年に博報堂DYメディアパートナーズが実施した「メディア定点調査」では、テレビの視聴時間とパソコンおよびケータイ（スマホ）経由でのネット利用時間を比べると、約2倍にまで差がついている。

　情報に敏感な若者を取り込まなければメディアの未来はない。新聞、テレビとも、従来のプラットフォームに対する「こだわり」を捨てて、ネットのコンテンツで勝負しなければならない時代が来ている。

2-2：ジャーナリストが消えていく

　前述したアメリカのPEJの調査によると、メディアの経営危機が深刻になったのは、2008年9月のリーマンショック以降のことだ。2009年4～9月に発行された新聞の平均発行部数は、前年の1割以上も減少、2000年と比べると4分の3以下になってしまった。

テレビニュースの視聴者減少にも歯止めがかからない。三大ネットワーク（NBC，ABC，CBS）がアメリカ東部時間の午後6時半から放送している30分のニュースは、各局の看板番組だが、30年のあいだに帰宅時間は遅くなっていき、視聴者は毎年100万人単位で減り続けた。これらの番組の視聴者数は、1980年の半分以下でしかない。

このような読者、視聴者離れは収益に直結する。アメリカの新聞は日本に比べて広告への依存度がはるかに高いが、スポンサーほど、このような事態には敏感に反応する。2009年、新聞の広告収入は前年の約7割にまで落ち込んだ。今や新聞業界全体の株式評価額はリーマンショック以前よりも約8割も収縮したと言われている。

そのような経営悪化は、取材現場に露骨にはね返ってくる。コロンビア大学・ジャーナリズム大学院が発行する「コロンビア・ジャーナリズム・レビュー」誌の推計によれば、2008年から09年の2年間で、全米で1万1,250人の記者が失業したと推計している。当時、アメリカ全体では約5万3,000人の新聞記者が働いていていたと推計されているので、約5人に1人がクビになったという恐るべき数字である。その他、テレビ業界も含め、支局や海外特派員などの取材拠点の縮小や廃止、とくに科学技術や芸術などの専門記者のリストラが相次いだ。

日本の報道機関では、新聞の廃刊や、記者が全員解雇され、ウェブ専門の新聞として会社が衣替えするなどの、ぎりぎりの状況に追い込まれた事例はまだないが、インターネットによる構造的な変化はもはや世界的な趨勢であり、日本のメディアも早晩、対応を迫られることになるだろう。

ジャーナリズムのもっとも重要な機能のひとつは、「権力の監視」だ。しかし、記者の数が大幅に削減された報道機関は、政府機関、議会、警察や裁判所などに十分な人員を配置できず、責任を果たすのが、困難になってきた。

2-3：ビジネスモデルの壁

このようなメディア環境の変化にもかかわらず、日米とも、既存のメディア

がニュースのウェブ展開に対応し切れているとは言い難い。

　最大の原因は、多くのユーザーのあいだに、「ネット上の情報はタダ」という意識が、根強く残っていることだ。アメリカでも、ネットの課金システムが、なんとか軌道に乗っているのは、ニューヨークタイムズとウォールストリート・ジャーナルの2紙しかないと言っていいだろう。伝統的なジャーナリズムが培ってきた、世の中の隠れた問題を掘り起こし、検証して教えてくれるという営みに対して、世の中が「ありがたみ」を認めなくなってしまったという、悲しい現実だ。

　従来のニュースは、集める報道機関の「こだわり」が重視され、その取捨選択の基準となる政治的な立場が、その社会的な信用や人気の基盤になっていた。しかし、ニュースは今や、バラ売りされる「日用品」のようなものとなってしまった。興味のある話題だけが、ネット上で「つまみ食い」されるだけだ。

　課金のビジネスモデルがうまくいかないのであれば、ウェブサイトで収益を上げるためには、広告収入を伸ばすしかない。しかし、ネット広告の市場価格は、新聞広告やテレビに比べると非常に安く、従来からの「バナー広告」と言われる手法では、収益をカバーするには到底及ばない。外国ではすでに、ネット上の閲覧履歴などをもとに、個別のユーザーごとに違った広告を表示する「スマート広告」が導入され始めているものの、積極的に導入しているメディア企業はまだ少数にとどまっている。

　新聞社が紙面の印刷をやめてウェブだけにする戦略をとる社も現れた。アメリカ西海岸の有名紙のひとつ「シアトル・ポスト・インテリジェンサー」は2009年3月、160人あまりの記者を全員解雇し、あらたに政治家やアナリストらのコラムニストだけを抱えたウェブ新聞に移行した。

　多くの新聞社が、連邦政府や州政府レベルで起きている問題はAP通信などの外部の情報に委ね、新聞が発行されている、ごく狭い地域の出来事だけを中心とした紙面作りが目立ってきた。「ハイパーローカル」という現象だ。たしかに、近くの河川の汚染などの問題は大切だし、地元の高校のフットボールチームの健闘ぶりを伝えることは、コミュニティのつながりを強化する。しかし、

ジャーナリズムに求められている役割は、税金や教育、医療制度などの、社会構造のなかに隠れている事実関係を掘り起こし、つなぎ合わせて、より大きな問題を発見して提起するということでもある。地元ばかりに集中してそのような作業に取り組むメディアが減っているとすれば、「権力の監視」という観点からは、重大な社会的損失であると言わなければならない。

❸ ネットを使った新しいジャーナリズム

3-1：マルチプラットフォームを目指す

新聞やテレビが生き残ることができるかは、昔からのプラットフォームにおける「過去の栄光」から脱却できるかどうかにかかっている。詰まるところ、「ウェブ・ファースト」を掲げて、コンテンツをインターネットに展開するよう、経営陣が踏み切れるかどうかなのだ。しかし、この壁はかなり厚く、日本の報道機関の大部分に、新しい収益の見込みもないままに、紙面やテレビ番組でのコンテンツを「安売り」してしまうことへの抵抗感は強く、みずからのメディアに対するプライドが邪魔をしている。

しかし、今や取材や情報集めの面からも、あるいはニュースの出口という点からも、ウェブを中心にメディアのあり方を考えていく時代に入った。

(1) 取材や情報交換などにおけるSNSの活用

プロのジャーナリストではなく、一般の人たちからの情報をいかにして、ニュースのなかに取り入れて、情報を充実させるかという問題は、誰もがスマホでプロ並みの画質の写真や動画を簡単に撮影でき、それをアップするソーシャルメディアが充実してきた現在、差し迫った課題となった。

一般の人からの情報が大量に報道に取り入れられた初期の事例として、2005年7月にロンドンで地下鉄の3カ所の駅などが相次いで爆破された事件がある。BBC（英国放送協会）などの主要なメディアには、地下鉄の乗客らが携帯電話などで撮影した現場の写真や動画が多数寄せられ、それらがニュースに積極的に使用された。

2009年1月には、ニューヨーク市のマンハッタン付近を飛んでいたUSエアー機がトラブルを起こし、機長の機転でハドソン川に不時着し、乗員乗客全員が無事であったという出来事があったが、地元のニューヨークタイムズは、ツイッターなどで寄せられた情報や写真を取り込んで、ウェブ上で速報を成功させた。

　しかし、これらは現場が限定された、比較的単純な事件であり、より高度な検証を要する出来事には、簡単に適用されないこともわかってきている。たとえば、2010年から中東各地で起きた「アラブの春」と呼ばれる、民主化運動と、それを鎮圧しようとする政権側との衝突などの報道では、イランやシリアなどの国々が、取材や報道の規制、通信網の遮断などを行ったため、ソーシャルメディア上で洪水のようにもたらされる、衝撃的な映像などの出所が十分に検証できず、先進諸国の報道機関は、不確かな情報でも、ニュースバリューの高いものを、いかに報道に踏み切るか、ぎりぎりの判断を迫られた。

　しかし、一般の人たちからの情報が、時にプロの記者らの取材をはるかに先行することも珍しくない時代になった現在、情報をいかにスピーディにニュースに反映させていくのか、現場のルールの整備と、多様なチャンネルから入ってくる情報をキャッチし、処理できる人材の育成が急務となっている。

(2) 映像、写真、CGなどを組み合わせたメディア・ミックスの手法

　今後、インターネットがニュースを伝える主なプラットフォームとなっていくことが明らかになった以上、それに取り組むメディアには、旧来の表現手法——新聞なら文字と写真、テレビなら映像——に固執せず、むしろ、情報によって、適切な伝え方を選択していく、マルチメディア的発想が必要になっていくだろう。ニューヨークタイムズやワシントンポストは、10年以上前から、ウェブサイト専属のビデオジャーナリスト（撮影・取材から、レポートや編集までをすべてひとりで行う）を採用し、メディアの垣根を越えて、独自の映像レポートの配信を行ってきた。

　反対にスライドショーと呼ばれる、写真を使った、シンプルな伝え方も見直されるようになった。たとえば、アメリカ大統領選挙の投票日など、同時に多

くの出来事が併行して起きる場合、限られた時間で大量の情報を得たいユーザーは、いちいち動画をチェックしている暇はないなど、ユーザーの行動分析も行われ、最適なメディアを使い分けるノウハウが蓄積されている。

(3) 情報をすべて出して、ディスカッションを促す機能

インターネット成熟以前の、報道機関の主な役割は「ゲートキーピング」と言われてきた。何がニュースで、何がニュースではないのか情報を選別し、知らせる機能である。しかし、フェースブックなどのソーシャルメディア上で、時には、ジャーナリスト以上に知識や経験がある専門家らが、活発に意見交換などを行うような時代が来て、メディアの位置づけも大きく変化した。

今まで記者会見やインタビューのニュースは、そのなかで記者や編集者らが重要だと判断した部分を取り上げ、ほかには何を言ったのか、あるいは触れなかったのかは伝えられなかった。2001年に就任した小泉純一郎首相が始めた、午前と夕方の「ぶらさがりインタビュー」の内容が、首相の「公式発言」であるにもかかわらず、メディアは長らく、全体の記録（あるいは録画）の公開には消極的だった。

しかし、2013年現在は日本の主要なメディアも、閣僚などの主な記者会見や発言などの全文、あるいは全体を録画した映像を、ウェブサイトで参照できるようにしている。これは、情報をアップするサーバーの容量などのテクノロジーが進歩したのと同時に、情報をすべて公開し、理解したり、解釈したりする材料を提供するという姿勢に、メディアが少しずつ変化してきたことを意味する。

しかし、たとえば放射能の汚染情報などは、素人には判断しにくい。情報を読み解き、評価する上で重要な部分は、依然、検証のノウハウをもったメディアがリードしなければ社会が成り立たないのも事実だ。ニューヨークタイムズやワシントンポストなどでは、コラムニストや名物記者らが、ウェブ用のコラムやブログを執筆したり、ウェブサイトのチャットや、ネット放送での解説番組などに登場したりするなど、討論をリードする機能を強化している。

3-2：プロパブリカ：ネットをメインにした新しいメディア

　従来の報道機関よりも小規模ながら、専門的な分野で「調査報道」を担い、主に非営利で、ネットでの露出を志向するメディアの存在感が増している。

　伝統的なものとしては1987年に設立された、ワシントンに本拠地を置くCPI (Center for Public Integrity) がある。創始者であるチャールズ・ルイスは現在、ワシントン郊外にあるアメリカン大学の教授として、大学内であらたに「調査報道ワークショップ」という非営利組織を運営している。

　また、2008年には、元ウォールストリート・ジャーナルの編集長であるポール・スタイガーが中心となり、ニューヨークタイムズの調査報道担当者や、ジャーナリストとして権威ある「ピュリッツァー賞」の受賞歴のあるベテラン記者ら約30人が集まり、「プロパブリカ」がスタートした。このメディアも銀行家が設立した財団から資金提供を受けるNPO（非営利組織）で、記事はウェブサイトに載るほかに、新聞などの既存メディアは無償で転載できる。また、プロジェクトによっては、特定の報道機関とコストを折半し、独占的に掲載する方式を採っている。2009年には、ニューヨークタイムズと共同で、ハリケーン・カトリーナの被災現場で働く医療関係者が、極限状態での仕事を余儀なくされる実態を明らかにした調査報道を行い、ピュリッツァー賞を受賞した。翌年にも、アメリカの主な金融機関が、自社の利潤獲得だけを考えて、世界経済への影響などに、いかに無責任であったかを分析する報道で受賞し、注目を浴びている。

3-3：ハフィントン・ポスト：アグレゲーター、ブロガーなどのハイブリッド

　前述したヤフーなどのアグレゲーターは、新聞と同じように、すべての分野のニュースを網羅することを目指している。しかし、ニュースの選別や論調などに、独自の視点や、明確な政治的な立場に基づいた解釈や評論などを提供するメディアも現れた。

　アメリカには保守系のアグレゲーターとして、1997年からドラッジレポートというサイトがあったが、それに対抗するものとして、リベラル色の強いハフ

ィントン・ポストが、2005年にスタートした。ドラッジレポートは単なるアグレゲーターではあったが、リンクが張られるニュースは、ほとんどが保守、あるいは共和党支持という、独自のフィルターで選ばれたものに限られており、そのユニークなラインナップのニュースで存在感を示していた。

　これに対するハフィントン・ポストは、リベラル色の強いコメンテーターとして、すでに名の通っていたアリアナ・ハフィントンを中心としたグループによって始められた。資金集めを他のスタッフに任せ、ハフィントンは編集長を務めている。このサイトは、リベラル色の強い、民主党寄りのニュースのアグリゲーションだけでなく、多数のブロガーと契約して、解説や評論を掲載する他、独自の取材による、政治からエンタメまで、オリジナルのコンテンツも掲載している。2012年には、イラクでの任務中に攻撃に遭って、致命的な傷を負ったアメリカ軍兵士の、その後をリポートした一連の特集記事でピュリッツァー賞を受賞した。

　さらに、読者がコメントを書き込む機能もついており、アメリカ版では、1カ月に100万以上のコメントが寄せられている。

　2004年の秋に「EPIC 2014」という動画がユーチューブにアップされた。10年後のメディア地図は、どのようになっているか、近未来予測をしたものだ。それによると、2014年には、グーグルとアマゾン・ドットコムが合併して、「グーグルゾン」という会社となり、情報の流通を支配し、ニューヨークタイムズは、金持ちのリビングの飾り程度のものとしてしか生き残れないというショッキングなものだ。

　そのなかで、ニュースはますます個人的なものになっていき、「ニュースマスター」という、「このニュースを見ろ」と指示してくれる人が、わずか数人だけ、社会に影響力をもつようになるとも予言されていた。これは、ある程度当たっているとも言えるのではないだろうか。洪水のようにあふれる情報のなかで、人々は「何を見ればいいのか」、「どう理解すればいいのか」指針を求めるようになってきている。

4 変わらないジャーナリズムの価値

4-1：「コソボは独立していない」問題を克服するには

　ヤフー関係者のあいだで語り継がれている、ネット上のニュースの欠点を端的に示すエピソードがある。2008 年 2 月 17 日、国連の暫定統治がなされていた、セルビア共和国のコソボ自治州が独立を宣言した。これは 1990 年代からセルビア主導の旧ユーゴスラビア連邦の国々が、内戦状態を経て独立していった一連の動きの最後となる「歴史の節目」であった。当然、海外の主要なメディアや、日本国内でも全国紙などは 1 面でこれを伝えた。

　ヤフーニュースの編集部でも、トップページにある 8 本の「トピックス」のうちの 1 本にこのコソボのニュースを加えたが、当日、もっとも読まれたのは、東芝が H-DVD プレーヤーから撤退するという決定や、R-1 グランプリ（吉本興業が主催する、ひとり語りのお笑いコンテスト）の結果を伝えるもので、コソボのニュースは、翌日分を合わせても、ヤフーニュースの閲覧者の約 2％ しか読んでいないことが明らかになった。

　新聞は、ページをパラパラとめくっているだけで、読む気のなかった記事でも、自然に目に飛び込んで来るという、「お節介な恩恵」があるが、インターネット上でニュースを見るには、自分の意思で、そのページを訪れなければならない。オンデマンドのニュースでは、当然知らなければならない情報が、社会に行き渡らないままになるおそれがあるという教訓なのだ。

　アメリカの大学でジャーナリズムの授業の際、必ず教科書として使われる『ジャーナリズムの原則（*The Elements of Journalism*）』という本がある。2001 年、最初に出版されたものに書かれていた「原則」は 9 項目であったが、2007 年に出た新版では、10 項目めが追加されている。その 10 項目めには、「市民の側にも、ニュースをよりよいものにしていく権利と責任がある」と書かれている。自分たちもニュースを選び、中身の善し悪しを判断し、悪ければ是正を求める声をあげるという、積極的な行動が求められる時代になった。

4-2：新しく起きている問題と新しいジャーナリズム

　ここ数年、従来のジャーナリズムの枠組みを越えた問題がいくつか出現している。2010年、ウィキリークス（WikiLeaks）というウェブサイトが、イラクのアメリカ軍のヘリコプターが、民間人をねらって銃撃し、殺傷した映像を公開し注目を浴びた。さらに、イラクやアフガニスタン情勢についての、アメリカの諜報機関の情報や、アメリカの外交機密文書など30万点以上を相次いで公開した。「リーク」というのは、情報を「漏らす」ということだ。誰かが、正義感や政治的な思惑などを動機に、本来公開する意図がなかった情報を、メディアに提供したり、あるいはネットにアップするなどの行動だ。

　創始者はオーストラリア人のジュリアン・アサンジという人物である。このウェブサイトは、トーア（Tor）という特別なソフトウェアを活用して、情報を送った人を、さかのぼって調べることを困難にして、情報源を守る工夫がなされている。また、投稿された文書の内容が真実かどうか検証するために、関係のある国で定評あるメディアを選び、アメリカのニューヨークタイムズやイギリスのガーディアンなどとも協力関係を築いている。

　アサンジは、とにかくすべての情報を公開し、できるかぎり実名も明らかにし、誰もが隅から隅まで中身を知り、検証できることを目指す、ウィキリークスのやり方が、「新しいジャーナリズムの形」だと主張しているが、このような過激な方法論には反発も多い。アサンジが刑事事件で国際手配され、2014年1月の時点ではロンドンのエクアドル大使館に滞在中だということもあり、未来の情報流通がどのように変わっていくのか、まだ展望が定まっていないのが実情だ。

　しかし、政府や大企業などがもっている大量の文書やデータなどが、時に意図しないものまでリークされたり、思わぬところで公開されてしまったりする流れは止めることができないだろう。それは、データがデジタルで管理されるようになったからである。2013年6月には、アメリカ国家安全保障局（NSA）に勤務していた、エドワード・スノーデンという人物が、アメリカ政府が秘密で、国の内外で電話を盗聴したり、インターネット上のチャットなどのやりとりを

傍受したりしていたことを、イギリスのガーディアンなどの新聞に暴露した。

このような、膨大な生のデータを誰でも閲覧することができるような事態は、個人が正確に理解するのに、膨大な労力と時間が必要になるということも意味する。そして、メディアが弱体化してきた今、ジャーナリスト任せにもできない。専門的な知識をもった一般の人たちも、積極的に協力し、「集合知」を発揮しなければ、問題解決の糸口すらつかめない社会に変わってきているのだ。

（奥村　信幸）

【参考文献】

Jarvis, Jeff, 2011, *Public Parts : How Sharing in the Digital Age Improves the Way We Work and Live*, Simon and Schuster.（＝2012, 小林弘人・関美和訳『パブリック―開かれたネットの価値を最大化せよ』NHK出版）.

河内孝，2007,『新聞社―破綻したビジネスモデル』新潮新書.

ビル・コヴァッチ，トム・ローゼンスティール著（＝2002, 加藤岳文・斎藤邦泰訳『ジャーナリズムの原則』 日本経済評論社）.

　※ 本文中にあるように，日本語訳は旧いバージョンの著作ではあるが，それでも，民主主義とジャーナリズムの関係について，系統的に論じた，すぐれた著作である。しかし，インターネットの発達をふまえた最新の議論としては，現状では，下記の英語での新版を参照することを薦める。

Kovach, Bill & Tom Rosenstiel, 2007 *The Elements of Journalism―What Newspeople Should Know and the Public Should Expect, Completely Updated and Revised*, Random House：New York.

Leigh, David, Harding, Luke, 2011, *Wikileaks : Inside Julian Assange's War on Secrecy*, Public Affairs.（＝2011, 月沢李歌子・島田楓子訳『ウィキリークス Wikileaks アサンジの戦争』講談社）.

奥村倫弘，2010,『ヤフー・トピックスの作り方』光文社新書.

下村健一，2010,『マスコミは何を伝えないか　メディア社会の賢い生き方』岩波書店.

津田大介，2012,『ウェブで政治を動かす』朝日新書.

梅田望夫，2006,『ウェブ進化論　本当の大変化はこれから始まる』ちくま新書.

5 音楽聴取の個人化
ウォークマンとiPodが象徴するもの

0 はじめに

　サウンドスケープという概念がある。直訳すると「音の風景」を意味するその言葉は、都市の街路で鳴り響く音や、自然環境のなかで聞こえてくる音に注目し耳を澄ませてみようという理念であり、また実践の手引きである。

　サウンドスケープを楽しむためには、耳をオープンにしなければならない。それが外世界の音の「豊潤さ」にふれる方法である。しかし今や、電車のなかは言うに及ばず、街歩き中でもジョギング中でも、ヘッドホンで耳を閉ざしている人は多い。音の体験は、外世界の開放された音環境に求めるものではなく、個人が手に持つデジタルオーディオプレーヤーから取捨選択するものになっているのである。

　その現況について、外の世界に耳を傾けずに内の世界の「貧困さ」にこもる現代人たち……という解釈はもはや成り立たない。なぜなら、小さなデバイスがもたらす内世界の音の体験は、十分に「豊潤」なものだからである。人は、数年かけても聴ききれない数の楽曲を自分の端末に携帯している。

　現代のテクノロジーは、「マス」の要望を実現させる方向ではなく、「パーソナル」な満足を充足させる方向に向かっている。個人が個人として、それぞれの趣向に沿ったものを選択する時代だ。しかし、そうであるとするならば、これからの時代「マスコミュニケーション」と称される伝達手法はどのような形式をとりうるのだろうか。このようなテーマを、「音楽の聴かれ方の変遷」に基づいて描くことが、本章の目的である。

1 現代社会学のキーワードとしての「個人化」

まず「個人化」(individualization) という概念の社会学的な含意について解説しておこう。この言葉は、現代社会を見渡す上で重要なキーワードとなっている。

一般に個人化という言葉からは、個人の関心や価値観を重視する「個人主義」(individualism)、もしくは各人によって異なる素質を伸ばす「個性化」(individuation) や、社会への関心から撤退する「私化」(privatization) がイメージされるが、社会学における「個人化」は、それらの概念と重複する部分もあるが若干異なる。

現在進行している個人化とは、まずもって膨大な選択肢に個人がさらされる事態を意味する。単に消費生活だけでなく、職業、人間関係、人生の歩み方までのあらゆる事柄について、個人は、旧来の規範にしばられることなくそれを選択の対象とすることができる。

このことをわかりやすく説明するために、タイムスパンを大きく取って考えてみよう。かつての伝統社会では、個人は、地域社会のしきたりや宗教や階級による制約で、自分自身が自由に選択する裁量をもつことはできなかった。それが近代社会（工業社会）になると、個人は伝統社会のしがらみから解放され、経済活動においての自由度は増していく。ただし、会社組織に入ること、あるいは社宅住まいで家族ぐるみで会社と関係をもつことなど、資本主義社会下でのあらたな制約が生まれた。高校を出たら大多数の男子は工員として就職、女子の大半は花嫁修業、結婚はお見合いで親が段取りして上司が仲人、などといった既定路線が個人を拘束していた。

ところが現代社会（後期近代、ポストモダンなどといわれる）では、企業のグローバル化とともに、IT 革命が進行し、人々の流動化が促進される。社会学者のバウマン (Bauman, Z.) によると、現代はソリッド（個体化）な状態から移行したリキッド（流動化）な状態の社会なのである（Bauman 2000 = 2001）。流動化社会においては、消費生活や趣味嗜好などのプライベートな領域はもちろん、どこの地域に住むか、どんな学校に進学しどんな職種に勤めるか、誰とつきあうかとい

ったことも自分自身の選択にゆだねられるようになる。

　そのような環境下で、個人は、自分自身の生活歴やアイデンティティや社会的ネットワークを選択し、自分自身の演技者・立案者・演出家としてふるまわなければならなくなる。自分がどんな人間であったか、今はどんな人間か、何を考え、何を行うのか……。社会学者のベック（Beck, U.）によると、「確信できるものを欠いた状態のなかで、自己と他者にたいする新たな確実性を見いだし、創造することを人びとが強いられる」（Beck 1994 = 1997：32）時代なのである。

　この「強いられる」というニュアンスは大事である。「○○化」の言葉には、望むと望まざるとは無関係に「そうなってしまう」の意味がある。現代人は、「個人」に「化」けざるをえない社会環境に置かれているのだ。社会を見渡しても、今や物事を決めてくれる慣習（こうやればうまくいくと決まっている）や制度（その組織に加入すれば安泰である）や集団（仲間になれば裏切られない）や物語（みんなで理想を目指す）は見つけにくい。「個人化」は、不安定な流動化社会を生きなければならないという耐えがたき側面を併せもつという点で、単なる個人主義とは異なっている。

❷　共同の音楽

　こうした「個人化」が、「音楽を聴く」という行為の歴史においても現れている。そもそも音楽は、共同で聴取されることが当たり前であった。宗教的な儀式における打楽器のリズム、豊作を願ってかけ声とともに歌われる田植え歌、祭事に鳴り響く笛や太鼓の祭り囃子、宮廷音楽の演奏会……。伝統的な様式において、聴取の機会は多くの人々が集まる空間に向けて直接開かれていたのである。

　音楽を録音する装置も再生する機械もなかったのだからそれは当然だ、と思われるかもしれないが、19世紀後半にエジソンが蓄音機を発明してからも、音楽は公共のものという感覚は長きにわたって続いていた。欧米では病院やデパートやホテルのロビーなどの公共の場所で流されるBGMのことを、（エレベー

ターで流されていたことから）エレベーターミュージックと呼んだりする（Lanza 1995＝1997）。日本でもそれは普及していたし、街頭では、電柱や街灯に設置されたスピーカーからラジオ放送や宣伝放送を流す仕組みが1960年代末まであった。今もその名残が残っている場所はあり、たとえば環境社会学者の大門信也は、東京都町田市の駅前の街頭宣伝放送をフィールドワークしている（大門2009）。また、小学校、中学校や高校では、放送部が昼休みに全校生徒に向けて音楽を流している。

さらに、一般消費者向けの音楽再生装置が家庭に入ってきてからも、それは個人ユースではなかった。ラジオは家中に聞こえる音量でかけられていたし、ステレオセットは応接間にうやうやしく置かれていた（図5-1）。テレビ番組の「NHK紅白歌合戦」（1951年放送開始）は、視聴者に「お茶の間のみなさま」と呼びかけていたが、「お茶の間」とは今で言うリビングのことで、家族が集まる部屋のことである。すなわち、音楽の聴取は、かつては伝統的・公共的・家庭内のいずれの空間においても共同でなされるものであった。

それが変化するのは、核家族化の進行に伴い子どもにも個室が与えられ、マイカー（自家用車）の所有者が増え、プライベートな空間が各個人に用意されるようになる「私化」の時代を迎えて以降のことである。これは日本では1970年代に進展し1980年代に本格化した。音楽の領域

図5-1　1964年発売のステレオ（日本ラジオ博物館2007）

では、ポータブルなラジカセやカーオーディオ、そしてSONYウォークマンに象徴される携帯型カセットプレーヤーなど、個人ユースの製品が普及し、音楽は個人で聴くものという概念が浸透していった。

「サウンドスケープ」という概念が注目を浴びたのは、実はこの私化の時代と軌を一にする。サウンド（音）とランドスケープ（風景）の合成からなる言葉は、

音楽家であり研究者であるマリー・シェーファー（Murray Schafer, R.）が1960年代後半から提唱し、1977年に『世界の調律――サウンドスケープとはなにか』を発刊したことを機に広まっていった。同書は、日本では鳥越けい子らの手によって1986年に翻訳されている（Schafer 1977＝1986）。

　マリー・シェーファーは、音（音響・音楽）は風景の一部として私たち主体と結びつくものとして存在していると説く。そのような問いかけを通じて、日常生活や環境のなかで音響が作用しているあり方や、すべての音が音楽の領域に可能性の場を与えていることを認識し、注意深く都市や自然界の音に耳を傾けようと呼びかけている。また、実践家でもある彼は、森のなかや湖畔でのコンサートを実施し、木々のざわめきや動物の鳴き声もオーケストラの一部に組み込む試みを行っていた。

　サウンドスケープは、騒音公害問題や自然回帰運動が前景化した時代背景を受けて登場した理念／実践なのだが、プライベート化が進行する音楽聴取に対して、今一度、共同の音楽について再考をうながしたい願いが込められていたといえるだろう。

3　聴取の個人化の二段階

　さて、しかし音楽とは共同のもの（あるいはみんなで聴くもの）といわれて、読者のみなさんは同意できるだろうか。ライブや夏フェスの会場に足繁く通う人や、吹奏楽を趣味とする人などを除いて、ほとんどの人は音楽とは個人で聴くものと考えているのではないだろうか。

　聴取の個人化の第一段階（1970～1980年代）は、上述した「私化」の時代にあたる。プライベートな事柄が優先され、空間的にも家庭のなかの個室やマイカーの座席が用意された時代だ。そして街を歩いている時には、耳にイヤホンが装着される。ウォークマンの登場である。初代ウォークマンが1979年に発売され、1981年に完成度の高いWM-2型が登場したことで、爆発的なヒット商品となる（図5-2）。自分の好きな音楽をカセットテープに録音して持ち歩くこと

ができるというアイディ
アは、当時の若者を中心
に大いに受け入れられ、
以降さまざまなメーカー
から同機能の商品が発売
され、音楽の聴き方のひ
とつのスタンダードとな
ったのである。

　また同時にそれは、倫
理的反発も招いた。ウォ
ークマンのイヤホンを耳
にして周囲のことは我関

図 5-2　ウォークマン WM-2
（出典 Wikipedia Commons, author: EsaSorjonen）

せずと街を闊歩する若者の姿をとらえて、閉塞的な現代青年像が取り沙汰され
たのだ。当時は中野収の造語「カプセル人間」——趣味に没頭して周囲との関
係を遮断する人間像——が流行語となっていた（平野・中野1975）が、それにも
っともあてはまるスタイルに見えたわけである。さらに日本だけではなく欧米
でも、ウォークマンのヘッドホンをはめて電車に乗り込んでくる若者に対して、
公共空間に私的空間を持ち込むな、という世論が醸成されていた（Gay,et al. 1997
＝2000：168-178）。

　その倫理的評価は措くとして、私化の進行する現代人にとって、面倒な外界
の出来事をシャットアウトする役割を音楽が果たすことになったのはたしかだ
ろう。あるいはサウンドスケープとの関係でいえば、ウォークマンは「都市の
サウンドスケープへの積極的な介入」を行う側面はあった。街の風景に対して、
耳を澄まして音を拾うまでもなく、自分の好きな音楽を流してイメージを変え
ることができたからである。音楽学者の細川周平は、すでに1981年の時点にお
いて、「サウンドスケープによって主体を変えるのではなく、主体によってサウ
ンドスケープを変えていくウォークマン」（細川 1981：104-105）と先駆的な分析
を述べている。

3　聴取の個人化の二段階

ただし、一本ないし数本のカセットテープを持ち歩くスタイルのウォークマンは、真の意味での「個人化」の象徴とはいえない。カセットウォークマン（ならびに CD ウォークマン）では、音楽をリスニングする方法と持ち歩ける楽曲の数が技術的制約によって限られていて、いつでもどこでも好きな時に好きな音楽を選択できるわけではなかったからである。──個人化とは膨大な選択肢に個人がさらされる事態、と、定義したことを思い出そう。

　聴取の個人化の第二段階（1990〜2000年代）は、革新的な機能をもったポータブルオーディオプレーヤー、iPod の登場とともに訪れるのである。1990 年代中頃、PC の能力が向上する一方で普及価格帯にまで値段が下がり、インターネットも多くの人が利用するようになる。音楽は MP3 フォーマットの圧縮音源で出回りはじめ、ほんの小さな筐体に数多くの音楽を詰め込むことができるようになる。

　そんななか、音楽プレーヤーの真打ちとして iPod の初号機が 2001 年に発売される。当初その容量は 5GB にすぎなかったが、それでも 1,000 曲は収録できた。2014 年現在で発売されている iPod Classic の最大容量は 160GB で、apple 社の HP では「ベスト 40,000 曲を持ち歩こう」というキャッチフレーズが書かれている（図 5-3）。

　iPod は、私たちを膨大な選択肢の前にさらした。今日聴く曲を何にするか、今の気分にマッチする曲は何か、その都度その都度の自分自身によるコントロールが求められる。音楽への関わりには能動性が必要となり、街を歩く際にはその風景に見合った音楽を自分で選ぶ。どこにいても「個人」が要求されるのである。

図 5-3　iPod Classic
（出典 Wikipedia Commons, author：Stahlkocher）

4 サウンドスケープの個人的選択

　筆者は、2009年の1月から7月にかけて、iPodユーザーの聞き取り調査を行った。クリックホイール（ドーナツ型のタッチセンサー）式のiPod classicまたはiPod nanoを所有する男女（総勢30名で年齢19～37歳、平均年齢は22.8歳。場所は神戸と東京）を対象に、半構造化面接の手法（基本的な質問事項をいくつか用意し、話の流れに応じて質問を出していく方法で、フリートーク形式の非構造化面接よりも負担が軽い）を用いた。本章で取り上げるインタビューデータは「移動中にiPodで音楽を聴いている時に、周りの人・風景がいつもと違って見えたような感覚になったことはありますか。ある場合は、具体的なエピソードを教えてください」という問いへの回答である。

　　［09.2.21　会社員A、会社員B、ともに24歳・男性・神戸］
　　A：東京に去年まで住んでて、住んでたところの近くに桜がすごいきれいな公園があって、休みの日にそこをちょっと見に行こうかなと思って見に行った時にめっちゃきれいやったんですね。それで、iPodのなかに「桜」がついてる曲、ケツメイシの「さくら」とかコブクロの「桜」とかが入ってるんで、それを聴きながら見ると、めっちゃいいように見えた。すごい心落ち着くような感覚になったので、それですごく覚えてるんです。音楽でより映えるのがあるんかなと。めちゃめちゃ覚えてる。それ去年の3月。
　　―：はっきり具体的ですね。
　　A：ちょっと仕事やらかした後やったんで。大クレームやっちゃって、それがちょっと落ち着いてようやく久々の休みってのがあって、それで余計に覚えてるんですけど。
　　―：その時誰かといました？
　　A：いや、一人です。
　　B：似たような感じで、大学卒業する時に、追い出しコンパかなんかがあって、帰りの電車の夜景が、iPodからかけた曲でもう切なくなって、「もうこれで終わるんか」って。

──：ああ、いい話ですね。何の曲やったか聞いてもいいですか？
B：JUN SKY WALKER（S）の「休みの日」って曲なんですけど、それが彼女と別れるみたいな曲なんですけど、それが「みんなとお別れになるんや」みたいな。
──：それは、「それを聴こう」と思ってセレクトしたんですか？ それともパッとかかってしまったみたいな感じですか？
B：それはiPodを見て「ああこれいいな」「こういう気分かな」って。聴いてみたらガッチリはまってたんで。
──：「桜」の方もそうですよね？
A：それはもう意識して。

iPod時代がそれまでの時代と異なるのは、みずから体験の質をコントロールできる点にある。AさんBさん、そして次に述べるCさんは、音楽によって「空間」の「見え方」を創造している。これは最適な楽曲をいつでも取り出せるポータブルデバイスがあってこその行為であり、数枚のアルバム分の楽曲しか持ち歩けなかったウォークマンの頃とはまったく異なることである。

［09.5.20　学生C、19歳・女性・東京］
C：京都に一人旅した時に、車窓から見える田園風景を、その時何を聴いたのかわからないんですけど、ふつうに何も聴いてなかったらただの田舎じゃないですか。でも、聴いてたらすごい……。思い出した。DAISHI DANCEの「ROMANCE FOR JOURNEY」を聴いて。もう名前からして「ジャーニー」、旅じゃないですか。すごい気持ちが高揚してくるんですよ。「あ、シャッと風景変わっちゃったよ」みたいなそういう感じですかね。あと、天気がよくって、気分が、最初は0ポイントで音楽聴いてたら100ポイントに上がったっていう感じですかね。「今日、もっと天気いいんじゃない？」「緑がきれいすぎじゃない？」っていう思いになったりはしますね。
──：それは偶然かかったんじゃなくて、iPod見てて「あ、これかな」って聴いた感じ？
C：はい。

さらに、海外旅行を趣味とするDさんは、現実の風景をフィクションの世界に変えるシーンメイキングの機能を、iPodを用いて体験している。

[09.5.25　学生C、21歳・女性・東京]
D：ヨーロッパ旅行中も、たとえば街を歩く時に急に人恋しくなったりとかした時に、自分のなかでテンション上げるために使ったりするんですけど、その時はあえて洋楽を選んで、で、片っぽだけはめて、で、歩くと、ほんとに映画にきたような。街並みはヨーロッパだし、で、一応、街頭のガヤガヤした音楽っていうか音も聴こえて、で、BGM的なものも聴こえるから、映画に入ってるような感覚に、いつもと違うように感じました。
―：それ用に、洋楽も入れているの？
D：みんな聴いてるようなのを一応取り込んでる感じです。で、普段だったら大塚愛とかでテンション上がるけど、それを外国で聴くと、「何のために外国にいるのかわからない」と感じちゃうんで、だからなるべく溶け込むように洋楽。で、なおかつ、音楽だけにハマっちゃうともったいないんで、街頭の音も聴こえるように半々みたいな。

　自分のいる場所の経験を、時間の過ごし方を、他者とのかかわりを、コントロールできるツールとしてのiPodは、それを用いるユーザーのプライベートライフを変容させている。メディア学者のブル（Bull, M.）は、以下のように論じている。「都市空間の意味はそれ自体、ユーザーのプレイリストからもたらされている。コスモポリタリズムは、iPodのなかの音楽の機械的なミックスのなかに、ユーザーの音楽コレクションそれ自体のなかに、フィクションとしての現実を存立させる。多くのiPodユーザーにとって、都市の快楽は、彼らの活力を混乱させ散漫にしてしまう他者との相互作用によってではなく、都市での生活がいかようなものであるべきかを思い起こさせる音楽を聴くことによって生じる」（Bull 2007：37）。都市のサウンドスケープは、ユーザーそれぞれの創り出す個別の場所性として体験されているのである。

❺ 音楽の聴かれ方の変遷

　以上の時代の流れを整理してみよう。まず、共同で聴かれる音楽の時代があった。外世界から流れてくる音もしくは誰かがセレクトした音楽を受動的に聴く、これは伝統社会から近代社会に移行してからも自明的な音楽体験であった。

　続いて個室や車内などプライベートな空間が各個人に用意された「私化」の時代が訪れる。人は外世界の音を自分に興味があるもの以外は遮断し、繭のように閉じこもり、内世界の音楽体験を充実させた。

　さらに社会の流動性が高まり、集団固有の意味供給源が喪失する「個人化」の時代となった。iPodで音楽を聴くことは、いつもDJプレイをするようなものだ（南田2011：106）。都市の風景は、セレクトした音楽によって自分好みに染められる。これを図式化したものが（図5-4）である。

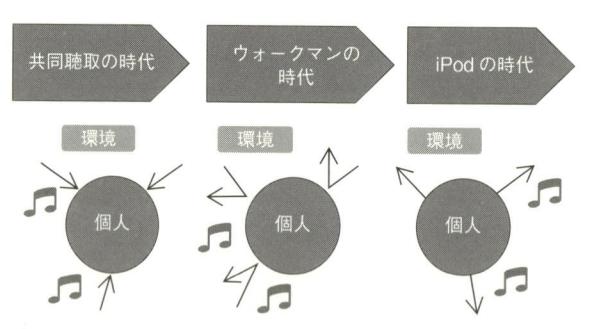

図5-4　音楽の聴かれ方の変遷

　さてしかし、これは望ましい事態であるといえるだろうか。都市が自由であると同時に他者への無関心で成り立つ孤独な空間であることを指摘したのは、社会学の始祖ゲオルク・ジンメル（Simmel 1903＝1976）であったが、今日ではその事態はさらに進行しているといわなければならない。サウンドスケープの自己コントロールは、一方では、都市空間において「孤立した主体という消費者像を強化する」（Bull 2007：7）ものでもある。

　今日では、多くの人々が分かちあう共同体験というものにますます出会いにくくなっている。昔のように、家族みんなで紅白歌合戦を見ようという時代はもう訪れない。仲の良い友だちに対しても、音楽の趣味が違えばその話題を話

そうとも思わない。テレビの音楽番組で人気沸騰とされるミュージシャンも、いったいどこで流行っているのかと疑問に感じた経験もあるだろう。興味は分散化し、これを聴いておけば間違いないという指針も喪失している。

かつてなら頼りになったラジオやテレビ番組のヒットチャート、音楽雑誌の権威的な記事、世代的な共有感覚、そういった指針は、少なくとも現代の日本においてはあてにならない。インターネットが普及するとともにマスメディアの威光は失墜し、マスメディアから情報を一方的に受け取る存在だった個人は、おのおのの関心によって配信を始めるようになった。動画検索サイト、ポッドキャスティング、情報のシェア、Web上の再生リスト……、自分だけが視聴し、近くにいる人ではなくどこか遠くの人とつながる感覚だけが醸成される。このことを放送形式にたとえて、一般向け放送の「BroadCasting」から、極端に個人のテイストに特化した「EgoCasting」の時代に移ったとする議論もある（南田 2008：81）。いつどこで、何を視るか、聴くかは、すべて自分でコントロールする。その個人のテイスト（Ego）は、しかし、幅広い（Broad）他者とは共有されない。

もちろん他人や環境やマスメディアに受動的につきあわなくてもよくなったことには、プラスの側面も大いにある。しかし「個人化」は、端的にいって「寂しい」ことがらでもある。個人化社会は、不安定な流動化社会を生きなければならない耐えがたき側面を併せもつことを述べたが、そうなるとやはり人はつながりを求め始める。

6 共同体の希求

では個人化社会において、共同体とはどのような形態をとるのだろうか。ここでは、最初に取り上げたベックとバウマンの解法を参考にしてみよう。

ベックは、個人化の進展が同時に共同体志向を強めることを述べている。彼が事例としているのは、政治参加の話題である。そこで人々は、ばらばらのままに連帯する。なんらかの政治的なイシューに対して、一時的な「熱気」に基

づいて集まり、社会的コミットメントや自分の責務を創出する可能性を見出そうとする。そこに集うのは、「政治的故郷」のないまま自在に横断する人々であり、「右／左」「急進／保守」「同調／アンチ」といった枠組みに縛られないままで思考し行動する。それは旧来的な見方からすると組織性や合理性に乏しく、手段として有効でないとされがちだが、ベックはそのあらたな行動パターンに、たえず議論が行われ続ける性質と、議論のなかで自己を創造していく自己創造型社会の可能性をみてとる（Beck1994＝1997：42-45）。

　また、バウマンは、クローク型共同体という概念を提示する。コンサートホールで観客は、まず上着や荷物をクロークに預け、一緒になって観劇する。しかし終演と同時に観客は預けたものを受け取り、コートを着てそれぞれの日常に帰っていく。「クローク型共同体はばらばらな個人の、共通の興味に訴える演目を上演し、一定期間、かれらの関心をつなぎとめておかなければならない。その間、ひとびとの他の関心（かれらの統一でなく、分離の原因となる）は、一時的に棚上げされ、後回しにされ、あるいは、完全に放棄される。劇場的見世物はつかのまのクローク型共同体を成立させるが、個々の関心を融合し、混ぜあわせ、『集団的関心』に統一するようなことはない」（Bauman 2000＝2001：258）。すなわち、共通の熱狂や興奮を基盤とするが、非継続的で一時的に終わる連帯である。

　両者ともに共通しているのは、不安定で確信のもてない社会において、個人は個人的関心の赴く範囲で、いつ離脱しても参入してもよい関係性を築き、その場その場のノリを共有するスタイルをイメージしていることである。

　音楽の分野でこれと近い形のものがあるだろうか。インターネット社会にふさわしい、ネットで生じているムーヴメントを取り上げてみよう。

　現在、「ネットレーベル」と呼ばれる試みが密かに注目されている。通例、音楽のレーベルというと、音楽的方向性による色分けに沿ってレコード会社が保持するセクションを指す。なかにはブランド化されているものもあり、音楽産業もミュージシャンもその価値を利用しており、ビジネスと密接に結びついている。しかし、ネットレーベルは、産業のレーベルとは異なり、主催者がほぼ

収益なしでHP上の運営や展開をしている。所属アーティストが送ってきた音源にパッケージ的な装いを施し、コンテンツを無料配信したり、二次流用を許容する著作権管理をしたりする活動が（現在までのところ）主である。代表的には「分解系レコーズ」や「Vol.4 Records」、「Maltine Records」などがあげられるが、参加者がDTM（デスクトップミュージック）系やテクノ系の音楽に偏っていることも特徴である。

　音楽研究者の日高良祐は、この動きに注目し、ネットレーベルの所属意識やコミュニティ感覚についてフィールド調査を行っている。日高によると、レーベルといっても産業化されていない分、参入・離脱の自由は担保されていて、主催者側からの所属アーティストの管理もほぼ行われていない。それでもレーベルごとのカラーのようなものは運営者も楽曲提供者も参加者も感じているようで、たとえば2011年8月に行われたMaltine Records主催のイベント「もうなんかやけくそでサマーオブラブ」では、イベントの模様を動画共有サイトのUstreamで生中継し、当日は、会場に駆けつけた者だけではなく、それを視聴した人からTwitterで1日に2,000件以上の書き込みがあった。イベントの成功が盛り上がることにあるとすれば、会場の「現場」だけではなく、PCの前で視聴し感想を述べあったTwitter民も「現場」感覚を共有し、イベントに参加していたといえる。制度的基盤を強くもつわけではなく同じ場所に存在していない人同士が「コミュニケーションという動的な相互作用自体が生み出すコミュニケーション」（Delanty 2003＝2006）を頼りにつながる状況は、新しいコミュニティの形を表している、と、日高は結論づける（日高2012）。

　ネットレーベルは小さな動きではあるが、同様の展開は、同人音楽やニコ生配信などインターネットに親和性の高い音楽の領域ではいくつも生じている。それがマスコミュニケーションに取って代わるかというと、確実なことはいえないが、旧来のマスメディアとは別の回路のコミュニケーションを実現させているということはいえるだろう。

　2014年の現在、デジタルオーディオプレーヤーのトレンドは、音楽再生に特化したiPodから、ネットワーク機能を有したiPhoneやネットワークウォーク

マンに移行しつつある。個人は、iPodの小さな筐体を通じてサウンドスケープを操作し、外世界の「見え方」を変容させていたが、やがて通信機能を利用して外世界との「つながり」自体を変容させていくのかもしれない。

(南田　勝也)

【参　考　文　献】

Bauman, Zygmunt, 2000, *Liquid Modernity*, Polity Press.（＝2001, 森田典正訳『リキッド・モダニティ――液状化する社会』大月書店.）

Beck, Ulrich, Anthony Giddens and Scott Lash, 1994, *Reflexive Modernization : Politics, Tradition and Aesthetics in the Modern Social Order*, Stanford University Press.（＝1997, 松尾精文・小幡正敏・叶堂隆三訳『再帰的近代化』而立書房.）

Bull, Michael, 2007, *Sound Moves : iPod Culture and Urban Experience*, London, New York : Routledge.

Delanty, Gerard, 2003, *Community*, Routledge.（＝2006, 山之内靖・伊藤茂訳『コミュニティ――グローバル化と社会理論の変容』NTT出版.）

大門信也, 2009,「宣伝する声――街頭宣伝放送」10＋1 web site（2013年8月29日取得, http://10plus1.jp/monthly/2009/06/issue3.php）.

Gay, Paul du, Stuart Hall, Linda Janes, Hugh Mackay and Keith Negus, 1997, *Doing Cultural Studies : The Story of the Sony Walkman*, SAGE.（＝2000, 暮沢剛巳訳『実践カルチュラル・スタディーズ――ソニー・ウォークマンの戦略』大修館書店.）

日高良祐, 2012,「日本におけるネットレーベルの活動――音楽コンテンツの生産・流通とコミュニティの形成」日本ポピュラー音楽学会2012年度第1回関東地区例会報告原稿.

平野秀秋・中野収, 1975,『コピー体験の文化――孤独な群衆の後裔』時事通信社.

細川周平, 1981,『ウォークマンの修辞学』朝日出版社.

Lanza, Joseph, 1995, *Elevator Music : A Surreal History of Muzak, Easy-listening, and Other Moodsong*, The University of Michigan Press.（＝1997, 岩本正恵訳『エレベーター・ミュージック――BGMの歴史』白水社.）

南田勝也, 2008,「音声メディア――ラジオとユースカルチャー」橋元良明編『メディア・コミュニケーション学』大修館書店, 67-84.

―――, 2013,「iPodはコンテンツ消費に何をもたらしたか」土橋臣吾・南田勝也・辻泉編『デジタルメディアの社会学――問題を発見し, 可能性を探る［改訂版］』北

樹出版, 96-112.
日本ラジオ博物館, 2007,「ステレオ電蓄の流行と普及 1958-70」日本ラジオ博物館 HP (2013 年 9 月 9 日取得, http://www.japanradiomuseum.jp/stereo1.html).
Schafer, Raymond Murray, 1977, *The Tuning of the World*(*The Soundscape*), Random House Inc.(＝1986, 鳥越けい子・小川博司・庄野泰子・田中直子・若尾裕訳『世界の調律――サウンドスケープとはなにか』平凡社.)
Simmel, Georg, 1903, "Die Grostßstädte und das Geistesleben," *Jahrbuch der Gehestiftung IX*.（＝1976, 居安正訳「大都市と精神生活」『ジンメル著作集 12』白水社, 269-85.）

6 デジタルメディア社会における広告の展開

0 はじめに

　現代社会に生きる私たちは、生まれた時から広告に囲まれて生活している。それはあたり前のようにそこに存在しているため、「広告とは何か」「広告はどのような社会的役割を担ってきたのか」「今後どうなっていくことが望ましいのか」といったことについて意識的に考える機会はそう多くはない。

　しかし、今ある社会は広告なくして成立しないといえるほど、広告は重要な役割を果たしている。たとえば、マスメディアを通じて広告が広く市民の目にふれることにより、購買行動が促進され、経済活動が活発になる。また、マスメディアは、取材に必要な経費、機材の購入・保守費、人件費などを賄うために収入が必要となるが、多くのメディア産業は受信料、販売収入だけでなく、広告収入を得ることによって、そうした費用を賄っている。

　もしも広告のあり方が大きく変わることがあれば、それに伴い社会的な構造も変化し、重大な問題が生じることもあるだろう。もし広告に関する科学的検討がなされなければ、そのような問題に気づくことすらできない。もし問題に気づくことができれば、何らかの方法で問題を回避し、望ましい方向性を見出すことができる可能性がある。それこそが、広告を研究する意義のひとつといえるだろう。

　本章では、広告はどのように研究されてきたか、デジタルメディア社会ともいわれる現代社会において、広告にどのような構造の転換が起き、それによってどのような研究課題が生じようとしているのか検討する。

1 広告をどのようにとらえるか

1-1：広告の果たしてきた役割

　広告は、どのように社会に位置づき、受け入れられてきたのだろうか。広告がどのように研究されてきたか検討する上で、「広告とは何か」という問いを出発点とすることは、避けて通れないだろう。まず、広告の果たしてきた役割を観点として「広告とは何か」とらえてみたい。

　広告が社会に対して果たしてきた役割について、最初に思いつくのは「製品やサービスなどの特長を伝え購買行動を促す」という役割ではないだろうか。製品やサービスを提供する側にとっては、利益を得るために、それを消費者に知ってもらう必要がある。一方、どんなに優れた製品やサービスであっても、その存在を知らなければ、消費者はその良さを享受することはできない。広告は、そうしたニーズに応える役割を果たしてきた。このことは、経済活動を促進させ、あらゆる分野の発展に貢献してきたと言い換えることもできるだろう。

　また、広告は、社会システムとしてのメディアの普及・発展に貢献してきた。たとえば、現在の民放・地上波放送は、受信料という形で視聴者から情報料を徴収していない。もし受信料として対価を支払う必要があるなら、視聴者は利用することに慎重になり、ここまで利用者数が増えることはなかったかもしれない。つまり、情報量を無料（あるいは安価）に感じさせることによってユーザーの利用を促進させ、メディアを普及・発展させてきたのが、広告という仕組みであった。

　このような情報量を無料（あるいは安価）に感じさせる仕組みは、どのように成り立っているのだろうか。ユーザーは、雑誌の代金や新聞購読料などの対価を支払う場合もあるが、それはメディア関連企業にとって収入の一部でしかない場合が多い。メディアは、ユーザーに情報を提供するために広告を掲出し、その広告掲出料を収入として得ている。では、その広告掲出料は誰が払うのか、製品やサービスを提供する広告主である。さらに、その広告主は、どのようにその広告掲出料金を捻出しているのか。ユーザーが商品やサービスに対して支

払う対価に広告費も含まれていると考えることができる。商品の定価は、開発費、材料費、人件費などだけではなく、広告費も含まれているのである。つまり、私たちは商品やサービスに対価を支払っているようでいて、間接的にメディアに情報料も支払っているのである。

　新聞・雑誌・テレビ・ラジオなどマスメディアの収入源をみてみると、広告収入が占める割合は小さくないことがわかる。たとえば、2011年度、新聞社総売上高は1兆9529億円で、その収入構成は販売収入58.9％、広告収入22.5％、その他収入14.5％、営業外収益0.9％、特別利益3.2％となっている。広告収入は販売収入につぐ大きな割合を占めている。また、2011年度、地上波民放テレビの場合、営業収入は2兆706億円であった。同年のテレビ広告費1兆7237億円から広告会社の収入分を差し引いたとしても、地上波民放テレビの営業収入における広告収入の割合は高いといえる（電通総研　2013）。

　このような情報量を無料（あるいは安価）に感じさせる各種メディアと広告の仕組みによって、テレビは各家庭に普及し、国民に共通の情報を届けることができる情報網を築くことができたといえる。近年では、フリーペーパーや、インターネット上のサービスでも、こうしたモデルによって運営されているものが多い。広く人を楽しませる娯楽を提供すること、役立つ情報を発信すること、民主主義の基盤といえるジャーナリズムを成立・維持させることについても、広告は重要な役割を担っているのである。

　さらに、広告は、私たちがもっている価値観や文化、「現実」の認識に影響を与える役割も果たしている。公共マナーのCMなどは、暮らしやすい社会を目指し、問題の改善提案を直接的に訴えかけてくる。あるいは、そのような直接的なものでなくても、広告は人の価値観に影響を及ぼす。たとえば、自家用車のCMで役者たちが演じる家族が登場し、製品の特長を表現するようなものがあるとする。そのストーリーや登場人物はフィクションであり、作りものの世界である。しかし、その家族のふるまいは典型的な家族像のイメージを規定し、ステレオタイプとして共有されるモデルになりうる。もちろんすべてが受け入れられるわけではないが、人は無意識のうちに広告で描かれる世界を通してジ

ェンダー、年齢、人種・民族、職業、社会的地位、美しさなどについてのイメージや価値観を形成し、共有することがある。こうしたことから、広告そのものがひとつの作品として成立しており、人々の「現実」に対する認識に影響を与えるメディアであるということができる。

1-2：広告費の推移

次に、広告費の推移から、「広告とは何か」ということをとらえてみたい。図6-1は、日本の総広告費の経年変化とその内訳をグラフで表したものである。総広告費は、「マスコミ4媒体広告費」「衛星メディア関連広告費」「インターネット広告費」「プロモーションメディア広告費」を合計したものである。この「マスコミ4媒体広告費」は、新聞、雑誌、ラジオ、テレビに関する広告費を合計したものである。また、「プロモーションメディア広告費」は、屋外、交通、折込、DM、フリーペーパー・フリーマガジン、POP、電話帳、展示・映像ほかに関する広告費を合計したものである。

このようなデータを読み解くことから、私たちがどこからきて、どこに向かおうとしているのか、社会の動向を読み解くことができる。たとえば、2007年

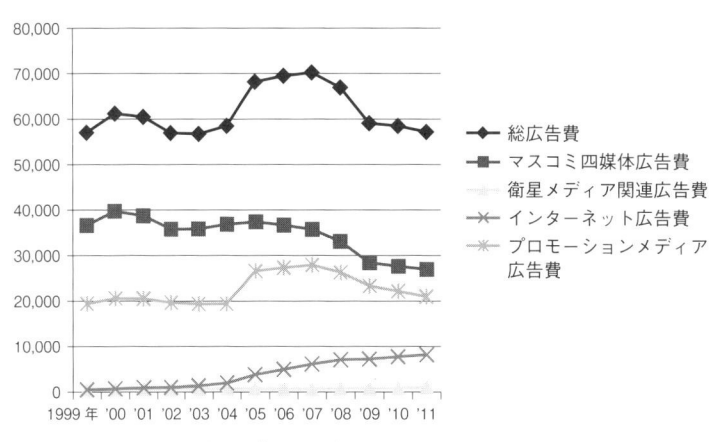

図6-1　総広告費の推移とその内訳（電通2013よりデータを著者が加工）

に約7兆円に達した総広告費は、2011年に5兆7千億円程度まで下がってきている。これは、2008年の米国金融危機（いわゆるリーマンショック）に端を発した世界同時不況を背景に減少に転じたものとされている。このように、広告は経済活動や景気の状況と連動しており、社会の動向を読み解くための情報を私たちに与えてくれる。

　また、全体の規模からすると小さいが、インターネット広告費が徐々に高くなっていることがわかる。これは、インターネット利用者の数が増えてきていることから、その広告効果を期待して、インターネット広告枠の開発が進み、そこに広告費を投じる広告主が増えてきたことを意味している。ここからは、技術開発や広告枠の開発、人々のインターネット利用状況に関わるライフスタイルの変化など、社会の変化を読み解くことができる。

　先に総広告費におけるインターネット広告費の割合はまだ小さいと述べたが、この10年の変化は注目に値する。それは、マスコミ4媒体の広告費の内訳とインターネット広告費を比較することで、より明確となる（図6-2）。10年前までは、「多くの人に届き、広告効果をあげる可能性が大きいのは、マスコミ4媒体である」という考えが支配的であった。しかし、2004年にはラジオ、2006年には雑誌、2009年には新聞の広告費をインターネット広告費が上回るまでに

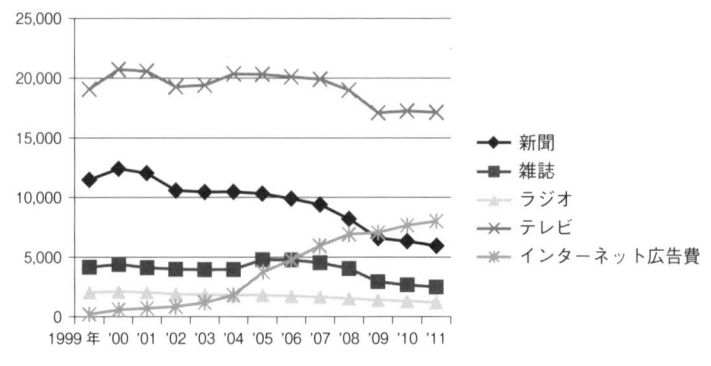

図6-2　マス4媒体の内訳とインターネット広告費の比較
（電通2013よりデータを著者が加工）

なってきているのである。

　このように広告は、社会の動向と連動してそのあり方を変えるものであるととらえることができる。経済状況の変化、インフラの変化、ライフスタイルの変化など、さまざまな変化が社会にもたらす構造の転換は、広告の変化に現れる。構造の転換によって得られることもあれば、新しい問題が生じることもあるため、その変化には注目しておかなければならない。

1-3：広告概念の拡張

　広告の概念について整理した研究者の定義から、「広告とは何か」についてとらえてみたい。嶋村（2009）は、広告とは何かということについて、次の5つの要素で説明している。

(1) 広告主がはっきりしている
(2) 人間以外の媒体を、料金を支払って利用する
(3) 伝えたい内容がある
(4) 誰に伝えたいかがはっきりしている
(5) 広告活動を通じて達成したい目的がある

　これらの要素に基づき、広告とは「明示された広告主が、目的を持って、想定したターゲットにある情報を伝えるために、人間以外の媒体を料金を払って利用して行う情報提供活動」であると定義している。

　また、その定義は狭義のものであり、近年では、図6-3のように「従来からの広告の領域」にあたるものだけでなく、それを超えたものも広告としてとらえるというように、広告の概念が拡張していることにもふれている。

　たとえば、報道番組で、テレビの新製品発表会があったことを報じたとする。これは、多くの人がそこで紹介された新製品に興味を持ち、場合によっては購買行動につながるというような広告効果をもたらす。しかし、広告主が意図的に広告枠を購入して流すCMのような広告と分けて考えようと思えば「それは広告ではない」ということもできる。このように広告ではないが広告効果をもたらすものは存在する。そして、製品やサービスがマスメディアに取り上げら

1　広告をどのようにとらえるか

れやすいような話題作りをして広告効果を実現させる専門のPR会社なども存在する。PR会社に対しては広告主から対価を支払うお金の流れもある。直接媒体に広告費を支払う方法ではないが、報道で取り上げられた裏側には、そのための費用がかけられている場合もある。

たとえば、企業のCSR報告書などのことを考えてみるとどうだろうか。CSR（Corporate Social Responsibility）とは、経済活動を行う企業が、その利害関係者（ステークホルダー）に対して、社会的責任を果たす取り組みを指す。具体的な取り組みの例としては、環境への配慮、雇用創出、品質保証、人権への配慮などさまざまな取り組みがある。そして、その取り組みの方針と成果をステークホルダーに伝えるためにまとめたものが「CSR報告書」である。これは、商業的意図をもった「広告」とは理念が異なる。しかし、実際には、CSRに関して優れた取り組みをして、パンフレットやWebサイトのような形で多くの人に知ら

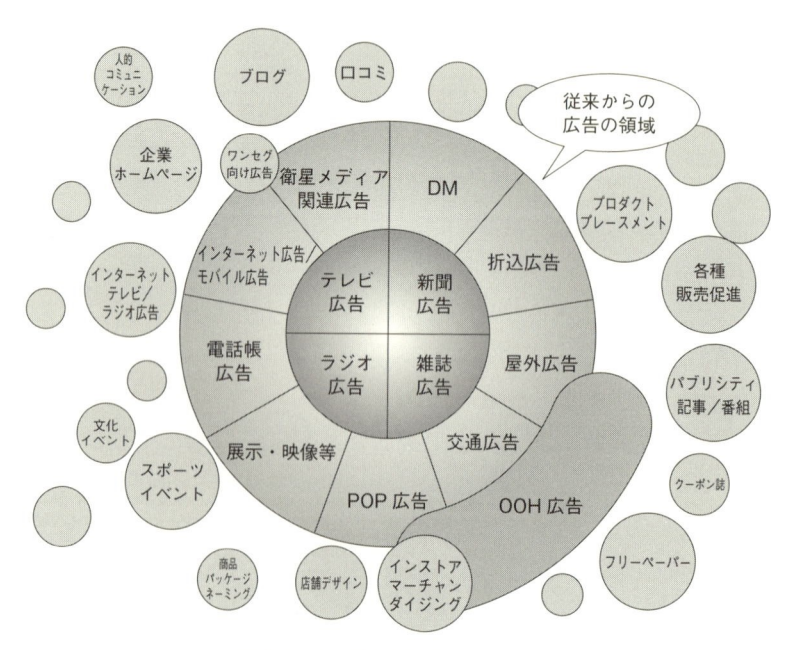

図6-3　広告概念の拡張（嶋村　2009）

94　第6章　デジタルメディア社会における広告の展開

せている企業の方が、消費者の安心や信頼を勝ち取り、営業成績を伸ばすという構造が生じる可能性はある。「広告」というカテゴリーに属さないが、広告としての効果を発揮することは、ありうるだろう。

このように、私たちは、広告とそうでないものを分ける判断基準をもってはいるが、状況に応じてその基準は変わりうる。そのため、時代や立場によって、広告とは何かという概念枠組をとらえ直していくことが必要である。

❷ 研究対象としての広告

2-1：広告研究に関するメタ研究

これまで、広告に関する研究は、どのように行われてきたのだろうか。広告がどのように分析されてきたかを知ることは、広告の特徴・性質をとらえ、これからの広告研究のあり方を考える上でも重要な意味をもつ。仁科 (2002, 2003a, 2003b) は、過去に吉田秀雄記念事業財団から研究助成を受けた 600 を超える広告研究論文を分析し、「時期別」「課題領域別」「アプローチ手法別」といった観点から広告研究にどのような特徴があるかメタ研究を行っている。

まず、仁科 (2002) では、およそ 10 年の区切りでどのような特徴があるか「時期別」に分析している。1967 年〜1979 年は研究領域の模索時期であり、初期に提示された「広告モデル開発」「消費者行動の計量的分析」「広告の社会的・経済的機能の理論構成」といった 3 つの柱が、ひとつの指針となっていたという。その後、応募者の専門性が多様化したこともあり、1980 年代は研究課題が多様化する時期であったと位置づけている。たとえば、「広告効果研究」「広告媒体研究」「広告表現研究」「広告の受け手研究」「広告の送り手研究」「消費者行動研究」などのような課題領域で研究が進められてきた。そして、1990 年〜2003 年は、研究内容の質的充実期であったとされている。研究課題の領域としては大きな変化はないが、たとえば、インターネット広告機能についての研究が注目を集めたり、政治家や地域イメージアップなど広告主の広がりが話題となったりというように、質的な充実がみられるという。

次に、仁科（2003a）では、「課題領域別」の特徴として、以下の6領域に関して個々の研究事例を紹介しながら考察がなされている。

(1) 広告メディアに関する研究

メディアに関する研究は、インターネットによる広告など、新しく登場した広告媒体が研究対象となったものでCATV、マルチメディア、インターネットなどを扱った研究がある。

(2) 広告表現に関する研究

広告表現に関する研究は、タレントや音楽などの効果を研究対象としたものである。そのなかでもタレント広告は80年代初期に集中的に研究されたが、それ以降あまり取り上げられなくなったという傾向もみられる。

(3) 広告の送り手に関する研究

広告の送り手に関する研究は、広告主を研究対象としたものである。広告主には、「CI（Corporate Identity）、企業文化、企業ブランド」に着目するような一般企業だけでなく、行政機関、非営利組織、政治団体などを対象としたものもある。

(4) 広告の受け手に関する研究

受け手に関する研究は、広告を受容する際に「性別、発達段階、一時的感情、性格特性・価値観」などの要因がどう影響を及ぼすか検討したものである。そのなかでも、子どもを対象とした広告への関心は高い。

(5) 広告環境に関する研究

広告環境に関する研究としては、広告意識や法規制などの環境要因と広告効果との関係を取り上げたものがある。広告意識の研究は、性別・世代別、国・地域別などの検討が多くなされてきている。法規制に関わるものは、主に文献研究を中心とした理論研究が蓄積されてきた。

(6) 広告関連領域に関する研究

広告関連領域に関する研究は、ブランド管理、ブランド価値、ブランド選択行動に関する研究、広告費・広告予算に関する会計学的なアプローチの研究などが見られた。広告とマーケティングの接点である「ブランド」に関する研究

は、近年研究数が多い領域である。

　最後に、仁科（2003b）では、「アプローチ手法別」に事例を分析している。それは、① 現実の社会現象や生活上の出来事からヒントを得て研究が始まる「現象発想型」研究、② 関連学問領域の既存理論やモデルなどを広告領域に適用してその妥当性を検証する「理論発想型」研究、③ 特定の手法によって広告活動を分析する「手法発想型」研究の 3 つに大別した分析であった。

　このようにひとくくりに「広告研究」といっても、多様な学問領域からのテーマ（研究内容）やアプローチ（問題意識・研究方法）があり、先行研究は発展的に蓄積されてきていることがわかる。

2-2：社会学的な研究のアプローチ

　真鍋（2006）は、近年、従来の「マーケティング論的広告研究」から「広告の社会学・心理学・人類学・政治学」へ広告研究の視座が広がってきたことを指摘している。また、「社会学的機能主義」に関わる視座と概念装置を用いて広告の文化論的研究の全体像を構想した真鍋（1994）の論文を例にあげ、すでに社会学の領域においても視座と概念装置は蓄積されてきていると説明する。

　同じ広告を研究対象としていながらも、ディシプリン（学問分野）の違いが、研究アプローチの違いに現れてくる。「マーケティング論的広告研究」は、経営的な広告管理においてその効果・効率を最大化させることに関連した研究に重きが置かれる傾向にある。一方、社会学的な広告研究は、広告をひとつの社会現象としてとらえ、広告の社会的機能、あるいは、広告から社会の構造や現象を科学的に解明しようとすることに重きが置かれる場合が多い。

　たとえば、社会において広告が広告として成立するための社会的・文化的な背景を分析した研究がある。高野（2007）は、① 番組から独立した CM 時間帯の成立、② 制作者集団の成立と作家意識の目覚め、③ CM を文化的に語る言説空間の成立、④ CM が作品として流通・二次利用されるための制度の誕生、とくに著作権の整備、といった出来事が映像文化としてのテレビ CM の成立に関わったと分析している。初期のテレビ放送におけるテレビ CM は番組と切り離

せない形で組み込まれていたが、ある時代からCMの中心はCFとなり、その他の方法は番組の内部に溶け込み「CM」カテゴリーから外れていったと説明する。こうした研究のように、あたり前の存在となっている「CM」というものに疑問をもち、その成立の過程を明らかにすることは、今後私たちが進む道を議論する際に役立つものといえるだろう。

難波（2010）は、広告の意味がどう読み解かれるのかということについて、ジュリア・クリステヴァによって定式化されたインターテクスチュアリティ概念を援用し説明している。インターテクスチュアリティとは、あるテキストの意味を他のテキストとの関連から見出すことである。ナイキやベネトンなどの広告を例にあげながら、広告というひとつのテクストが、それだけで完結しているわけではなく、受け手の側がさまざまなテキストとの相関のなかで意味を汲み取っていく様を説明した。その上で、日本のCMが国際的なコンペティションにおいて不振なのは、日本で通用するインターテクスチュアリティが巧妙に仕組まれているため、国際的には解釈が困難で通用しないからではないかという見方を示している。

以上のように、社会学的な広告研究には蓄積と広がりがある。学術的に何かを研究をしようと考えた場合、闇雲に目の前にある対象に向かって突き進むのは賢明なこととはいえない。多様な先行研究のなかで自分の研究がどこに位置づくのか、一歩引いて考えることが重要である。先行研究を概観することで当該研究分野において取り組むべき研究課題が見えてくる。自分の研究課題を発見し、軌道修正することもできる。研究が新規性（オリジナリティ）を持ったものになるかどうかは、その視点をもてるかどうかにかかっている。

2-3：広告のイデオロギー分析

社会学的な広告研究のひとつには、表現物の内容分析をするものもある。広告の内容を分析する意義とは何だろうか。広告は時代を映す鏡のようなものである。広告を分析することで、その時代の社会について知ることができる。それは、その時代ごとの価値観が、登場人物やストーリーなどに反映されている

からである。

　広告は商業的なメッセージを伝えるものであるが、「何を伝えるか」とともに、「どのように伝えるか」という点でも工夫されている。ウィリアムスンは、記号論的分析によって広告を解読し、広告のもつイデオロギー的な機能を明らかにしようと試みた (Williamson 1982)。谷本 (2009) は、ウィリアムスンの分析と主張を次の 6 点にまとめている (なお、ここでは具体例を加えるなど著者がまとめ直している)。

(1) 広告の内部では、登場するモノや人物、色彩などの記号表現によるイメージや意味が製品に転移されている (たとえば、美しい草原に囲まれた道で自動車を走らせることによって、環境に配慮した車だというイメージが自動車に転移される)
(2) 広告の外部では、広告によるイメージや意味が、製品を購入・消費することを通じて、消費者の気分に転移されている (たとえば、人を楽しませる芸人が宣伝するガムを買うと、楽しい気持ちになれるのではないかという気分になる)
(3) 広告の内部・外部で起こる「イメージや意味の転移」は、広告自体が行うのではなく、広告の受け手が行なっている
(4) 広告はさまざまな手法を駆使して受け手を広告過程に参加させている (たとえば、考えさせる、疑問をもたせる、驚かせるなど、さまざまな手法が用いられている)
(5) 広告が作り出すイデオロギーによって人の「現実」の認識は歪められている (たとえば、美しい容姿に関するイメージや外国人に対するイメージなどのステレオタイプが必要以上に強化され、歪められてしまうことがある)
(6) 広告のイデオロギー批判は、製品批判にすり替えられてしまうと、その意義が薄れてしまう

　このような分析・主張を通じて、ウィリアムスンは、広告について「製品やサービスの特長を伝え購買行動を促す」という機能以外にも、イデオロギーを生み出す機能があると主張している。広告の内容と形式を分析的に読み解く営み、つまり広告批判によって「広告のもつイデオロギー的な機能」を顕在化さ

せることができる。そのことは、自己を知ることや、社会のあり方を考えるうえでも貴重な示唆を与えてくれるだろう。

たとえば、広告クリエイターは、社会背景とともにターゲットのライフスタイルや価値観に基づいた文化的な記号、ステレオタイプを用いて表現する。そのようにして作られた広告表現は、受け手によって解釈され、そのスレテオタイプが強化される。その際、広告のもつイデオロギー的な機能について理解していなければ、「現実」の認識に対する歪みを補正することができなくなる。広告研究、とりわけ広告の内容や表現形式を分析する研究の意義は、そのような広告を取り巻く構造を理解できるようになる点に見出すことができる。

❸ デジタルメディア社会における広告研究の可能性

3-1：インターネット広告の展開

以上のような広告概念の拡張や広告研究の蓄積をふまえた上で、インターネット広告の展開について考えていきたい。世界中のコンピュータネットワークを相互に接続したインターネットは、現代社会における重要な情報インフラストラクチャー（社会基盤）となった。技術開発の進展、サービスの広がりなどに伴い、ユーザー数は年々増加している。

インターネット回線のブロードバンド化やセキュリティ技術の発達など、安定したネットワークが実現することによって可能になったサービスも多い。そこには、電子メールやチャットのようなパーソナルなコミュニケーションを媒介するサービスもあれば、ジャーナリズムを担う報道に関わるWebサイト、政府、自治体、企業、団体などの広報活動に関わるWebサイト、オンラインショッピングを実現するサイト、個人が日常の出来事や思想を表明し、ゆるやかに他者とつながることができる場としてブログやSNSなどのサービスが利用されている。また、動画共有サイトなどで、個人が制作した映像を配信することができる。

このようにインターネット上には、人と人とが相互作用し、社会的な営みを

行う多様な場が生み出された。それは、多くの人々が集う公共の空間であり、広告代理業を担う人々からは広告効果を得ることができる場としても注目されてきた。一方、こうした場を提供する企業のなかには、これまでのマスメディアと同様のビジネスモデルを想定して、ユーザーが目にする場所に広告のスペースを作り、広告主から収入を得ようとするものもあった。

3-2：インターネット広告の種類

田中（2010）は、「インターネット広告」の種類を、(1) ウェブ広告（テキスト広告、バナー広告、ポップアップ広告など）、(2) メール広告（メールマガジン広告、ダイレクトメール型広告など）、(3) ペイドリスティング広告（検索エンジンに入力されたキーワードやページの内容に連動して表示される広告。SEM（Search Engine Marketing）とも呼ばれる）、(4) モバイル広告（モバイル端末用のウェブ広告やメール広告）、(5) インターネットCM（映像を用いた広告）に分類している。

こうした広告は、既存の広告コミュニケーションモデルをインターネットの世界に持ち込んだものにも見える。つまり、受け手に「見せる」ことを通じて、意識を向けさせ、興味をもたせ、記憶に残し、購買行動を起こさせることを期待したものである。たとえば、看板やポスターを代替するバナー広告、郵送によるダイレクトメールを代替するメールマガジン広告、テレビCMを代替するネットCMといったように、類似する点を見つけることができる。たとえば、ペイドリスティング広告にしても、子ども向けのアニメ番組ではそれに関連したおもちゃのCMを放送するといったように、ターゲットに応じた広告戦略は既存のメディアにおいてもみられた。

こうした「見せる」ことを目的とした広告は、インターネットの仕組みを利用してさらに効果・効率を高めようとする工夫が行われている。たとえば、広告を通じてある製品に興味をもった人は、その広告をクリックして詳しい情報を閲覧し、すぐにオンラインで購入できる仕組みを整えているものもある。デジタル化された音楽や映画、電子書籍などは、その場でダウンロード購入できる。ダウンロードはできない「もの」を買う場合でも、最短で当日届くような

サービスを提供していることもある。つまり、店に行かず、興味をもったらすぐに購入するという行動様式は、技術革新、流通経路の進歩とともに、インターネット広告のあり方によって広がったととらえることができる。

サイトの閲覧履歴、広告のクリック履歴、購入履歴などから、個人の趣向を記録・収集し、それに応じた広告を届けることで効果をあげようとする「見せる」広告は、さらなる発展を遂げている。たとえば、この本を買った人は、この本も買っていますといった情報を提供するリコメンド機能や、買った人から見た製品の評価（口コミ）を提示する仕組みなどがある。

マスメディアが支配的だった時代の広告は、大金で時間（テレビ）やスペース（新聞）を買い、できるだけ多くの人に情報を見せつけることが広告の基本だった。しかし、インターネット広告が普及した時代においては、サイトでの露出やクリックなど個人の情報行動に広告を連動させ、一人ひとりを相手として細かく要望を聞き、売っていくという手法が重視されるようになった。

このような、人の情報行動や評価を広告に利用するという現象は、さらにインターネットをソーシャルメディアとして扱うサービスが増えるにつれて、新しい広告のあり方として期待されるようになってきた。

3-3：ソーシャルメディアと広告

ある製品のよさを企業が直接売り込んでくる広告と、一般の消費者がその製品を実際に使った感想では、後者の方が客観的で、説得力をもち、役立つ情報に感じることがある。そのような口コミは、狭義の広告の定義には当てはまらないが、やはり人々の購買行動を促進させる可能性をもっており、広告と同等かそれ以上の効果をもたらす場合がある。

とくにインターネット上の口コミサイト、ブログ、Twitter、SNSなど、面識のない人たちと緩やかにつながることのできるソーシャルメディアは、人々がこうした情報を発信したり、ふれたりする機会を増やしたといえる。消費者は、それが信頼できる情報なのか判断する必要がある。情報発信者が、有名なブログの執筆・運営者ならどうか、友人からの情報ならどうか、匿名性のある

口コミサイトならどうか、それぞれのケースに応じた判断が必要になるだろう。

　なかには、ステルスマーケティングと呼ばれる、一般人を装った担当者が、仕掛け人の存在や意図を消費者に悟られないように宣伝を行う行為が含まれている可能性もある。実際以上に人気があるように見せかけたり、話題にしたりするために、こうした情報操作は人を騙す行為として批判の対象ともなる。その行為が明るみにでることによって、その企業は信用を失うリスクを負う。そうしたことから、インターネットにおける広告のあり方について考え、適切に行動していくことが、企業の社会的責任として求められる。また、情報を受け入れる側にもこうした広告の構造を把握し、場合によっては、その構造を望ましいものに組み替えていくために、企業の側に働きかけていくことが求められる。

　広告会社に勤務する京井 (2012) によれば、従来、広告は説得型の「伝える広告」を基本として発展してきたが、インターネットの普及が始まった1990年代半ば頃、説得型の広告のみでは通用しなくなり提案型のコミュニケーションを取り入れるようになった。その後、2000年代には、生活者目線で飾らない共感的なコミュニケーションが求められるようになり、さらにソーシャルメディア時代には、共感が人から人に伝わっていくような「つなげる広告」戦略が求められるようになったという。

　たとえば、コカ・コーラを愛する一般人が制作し、公開したCMが企業から認定され話題になったという事例がある。また、スターバックスが、Webサイトで店舗をもっと良くするアイデアを募集し、それに対して別の人が評価する仕組みを作った。そうしたソーシャルメディアの場における消費者同士の相互作用が、スターバックスのブランド構築に一定の影響力を与えた事例などがある。以前は、ブランドの価値は企業が作るものであったが、ソーシャルメディアによって一般の人が企業のブランドを育てる役割を担うようになったのである。企業と人、人と人とをつなげる広告が、さまざまな場面で機能し始めている。

　このような広告コミュニケーションや広告表現のあり方は、インターネット

等の技術発展や社会基盤の整備などの時代背景を受けて変化してきたと考えられる。広告のあり方は社会状況に影響を受けている。それと同時に広告が社会状況に影響を与えることもある。こうした循環のなかに今の社会が位置づいていることを理解した上で広告を研究し、社会現象を科学的に解明していく必要があるだろう。

4　広告研究に求められること

　本章では、広告とは何かを検討しつつ、マスメディアの成立にどのように関わってきたか、広告研究がどのようなアプローチで取り組まれてきたのか明らかにした。さらに、デジタルメディア社会が進展するなかで転換しつつある広告の概念、構造の一端をとらえようと試みた。20世紀型マスメディア時代の広告のあり方と、21世紀型デジタルメディア時代における広告のあり方は、「個」や「つながり」を重視するものに変わってきていることを明らかにした。

　デジタルメディア社会の展開に伴い拡張し続ける広告概念のことを考えるならば、今後も広告研究が対象とする事象はさらに広がっていくことが予想される。場合によっては、広告のあり方自体が大きく変化し、広告研究に関するパラダイムシフト（思考や概念、規範や価値観の枠組みの転換）が起こる可能性もある。

　そうしたなかで、広告研究に求められることは何か。広告を研究する前提となる意義の再考、新しい構造をとらえるための研究方法の開発などを行うとともに、広告に関わる社会的・文化的・経済的・技術的な動向を総合的にとらえていくことが求められているといえるだろう。

（中橋　雄）

【参考文献】

電通（広告図書館）「2011年（平成23年）媒体別広告費」『日本の広告費』（2013年8月3日取得、http://admtj896.rsjp.net/library/statistics/ad_cost/gdp.html）

電通総研編，2013，『情報メディア白書　2013』ダイヤモンド社．

京井良彦，2012，『つなげる広告』アスキー新書．

真鍋一史，1994，『広告の社会学（増補版）』日経広告研究所．
真鍋一史，2006，『広告の文化論──その知的関心への誘い』日経広告研究所．
難波功士，2010，『広告のクロノロジー』世界思想社．
仁科貞文，2002，「広告研究の系譜」『AD STUDIES Vol.2』吉田秀雄記念事業財団．
仁科貞文，2003a，「広告研究の系譜」『AD STUDIES Vol.3』吉田秀雄記念事業財団．
仁科貞文，2003b，「広告研究の系譜」『AD STUDIES Vol.4』吉田秀雄記念事業財団．
嶋村和恵，2009，『新しい広告』電通．
高野光平，2007，「テレビCM　映像文化の歴史的成立」『文化の社会学』有斐閣．
田中　洋，2010，「インターネットとクロスメディア」岸志津江，田中洋，嶋村和恵『現代広告論』有斐閣アルマ．
谷本奈穂，2009，「広告の魔術」井上俊・伊藤公雄編『メディア・情報・消費社会』世界思想社．
Williamson, Judith, 1978, *Decoding Advertisements: Ideology and Meaning in Advertising*, London: Marion Boyars Publishers Ltd.（＝1985，山崎カヲル・三神弘子訳『広告の記号論1──記号生成過程とイデオロギー（カルチャー・クリティーク・ブックス）』柘植書房新社．）

テクノロジーとメディア

0 はじめに

　現在のような多様なメディアが身のまわりにある様子を見て、私たちは「これまで、いろいろな電気通信技術が開発されて、それが現代のメディア状況をつくったのだ」と単純に考えがちだ。

　また、ともすると、技術が生み出され、その恩恵を「受ける」現代人、さらにはそのメディアテクノロジーによって、自分たち自身の行動や生活が大きく変わり、影響を「受ける」現代人、という受動的側面を注視しがちである。もちろんこうした、テクノロジーに対して受け身で考えるべき点もないわけではないが、もっとマクロ的に見ることで、テクノロジーとメディアの関係、社会とテクノロジーの関係は異なって見えてくる。20世紀初頭からの電子メディアの歴史を概観してくると、実際には、技術開発→製品・サービス→社会へ浸透という単純な図式ではなく、さまざまな技術開発、製品やサービスが、社会のなかで選び取られ、それが初期の技術的な想定とは仮に異なったとしても定着していく、という道筋をたどってきた。言い換えれば社会がテクノロジーを生み出すとともに、そのなかから「その社会」が「必要なものを選び取る」ということが連綿と続いてきたのだ。

　本章では、こうした視点をふまえ、マスコミュニケーション、マスメディアのことを考える上で、その鍵となるテクノロジーを中心に見ていきたい。

① 電子テクノロジーとメディア

1-1：電子メディアを生み出した考え方とテクノロジー

　今の多様な電子メディアを生み出したのは、電磁波（電磁界）についての19世紀に発表された諸理論と、同じ時期に実際に普及した電信技術である。ファラデー、アンペール、ガウスの各法則、そしてそれらを統合したマックスウェル方程式は、簡単に言えば、電気と磁気が、なんらかの媒体（当時は「エーテル」とも称された）を介して伝わっていく[1]、というもの。

　この電磁波理論が成熟していく同じ時期に、サミュエル・モールスがアメリカで1835年、有線の電信装置を発明したり、イギリスではホイートストンとクックが指針電信機の特許を取得したりしていた。今ではモールスといえばモールス信号というアルファベットや数字を符号化した通信が想起されるが、これは1835年有線電信装置発明の3年後に、モールスとヴェイルが電信に応用したものであった[2]。なぜこれらの発明や理論が大事なのかといえば、これらは現代のメディア全盛時代にそのままつながる技術の根本的な考え方であるからであり、その発想は21世紀の今でもまったく変わっていないからだ。

　たとえばモールス符号は、人間がコミュニケーションに使う言語をそのままの状態で伝えるのではなく、いったん単純な符号（短点「・」と長点「－」）に置き換え（エンコーディング）、伝達し、伝達先で符号から言語に戻す（デコーディング）という方法をとっているが、こうした符号化の発想は、インターネットをはじめとするデジタルメディア全盛の現代でも基本的に変わることがない。たとえば現代の電子コミュニケーションでは、私たちが使う言語は文字コードに置き換えられ、そのコードはさらにデジタル（0と1の2進法コード）に置き換えられて通信されている。また、目に見える映像なら、静止画であろうと動画であろうと、それぞれに適したフォーマット（規格）の数値に置き換えられ、それはさらにデジタルデータに変換される。もちろんこのやり方は、音でも同じで、音楽であろうと、人の声であろうと変わらない。このように、現実のさまざまなものを送信元では符号に置き換え、送信先では元に戻すという一連の動作を

すべての電子メディアが行っているわけだ[3]。

　さらにこのことを、現代の多様なメディアやサービスが、やむことなく次々に出てくる状況にあてはめてみると、これらの現象の裏に、ひとつの根本原理が見えてくる。それは、もともと電子メディアが生み出されたのは、初期は符号、しだいに人間が認識できる音や映像をメディア（媒体）にのせて、遠く（tele）へリアルタイムに伝送するという仕組みとして作られていったものであり、これは別な言い方をすれば「情報の乗り物」としての電子媒体を作り上げた、ということである。現代において、「紙の乗り物」から「電子的な乗り物」への変化が表面化してきているのも、元をたどれば、情報をなんらかの電子的なコミュニケーション・テクノロジーにのせて運ぶ、という動きのひとつの現れなのだ。

　また同時に、理論的枠組みとして、有線、無線を問わず、電磁波を使えば遠くに符号を伝える、つまり遠くの人たちとコミュニケーションできるという電磁波理論の考えが19世紀末、科学的に裏打ちされたことは、この理論を応用した電子機器類の開発を加速し、20世紀を「メディアの世紀」と呼ぶまでに大きく動かす原動力ともなった。

　つまり、単純化してさらに言い換えると、19世紀末に人間は電磁波というものを利用して情報を遠隔地に送り、遠くの人々とコミュニケーションができるということを見つけ、その後、電磁波理論を元に各種電子メディアの実用、応用に莫大な社会的エネルギーを投下してきた。そしてそれは現代のメディア社会にそのままつながっている、と。

1-2：電子メディアの基礎的発明をしたのは日本人だった

　電子メディアの歴史を記述したもので多く目にするのは、発明王エジソンをはじめ、電話を発明したベルや電信のマルコーニなど欧米の発明家で、彼らは電子コミュニケーション草創期の世界的な偉人として多くの人々に記憶されている。

　エジソンが白熱電球の実験中偶然発見した、いわゆるエジソン効果をきっか

けに、フレミングが作った二極真空管（1904年）、アメリカではラジオの父といわれるドゥ・フォレストが1906年に発明した三極真空管、そして三極構造の不安定性を克服するものとして多極真空管が生み出されていくのだが、この多極真空管の特許を取り、電気通信に関する多数の関連特許を国内外でとったのが、日本人だったことは、母国日本でもほとんど知られていない。名は安藤博。多極真空管は安藤がなんと16歳の時、1919年に発明された（特許80948号）。

　そもそも、多極真空管がなぜ重要なのだろうか。わかりやすい表現でいうと、たとえば小さな電気的変動を大きくする「増幅」、情報を電波（搬送波）に合わせて変換し重ねあわせる「変調」、空中を飛んでくる電波から必要な情報だけを選び取る「検波」など多くの電気的な動作を可能にしたのは真空管というデバイスであるが、これには高出力や安定性など多くの電気的特性が必要となってくる。しかしながら、二極や三極の真空管では、温度変化や電極自体への静電気の帯電からくる不安定性、入力に対する出力の応答特性、出力などで劣るため、これを克服することが求められた。こうした電気的な動作の問題を一気に克服したのが多極真空管であった。このことがもっと大きな意味をもってくるのは、この動作の仕組み、考え方が後のトランジスタに、そして現代のICチップにそのまま引き継がれていくからである。これらの電気的動作において、出力、安定性、電気的特性など多くの項目で高性能なのは、多くの場合、二極より三極、そして三極より多極真空管であるといっていい。その多極真空管と関連特許を取得したのが、安藤博だったのである。

　安藤の最初の著書は、発明から3年後の1922年「無線電話」という表題で、当時予科に在籍していた早稲田大学から出版された。これ以降、安藤は無線電信を始め、後にはテレビに至るまで、メディア技術研究に没頭することになる。しかし、彼の特徴はマルコーニやエジソンのように、その特許を元に事業化するということではなく、あくまでも新しい技術を生み出すことだけに全勢力を注いでいたことだ。このことは彼がメディアの歴史に名を残していないことのひとつの理由にもなってくる。

　1920年代後半から、日本の電気工業が産業化してくると、ラジオ生産が活発

化してくる兆しをみせる。だがしかし、ラジオの基本特許は安藤がもっており、機器の生産には特許使用料を支払う必要が出てくる。当時の電機製造業は零細企業が多く、特許使用料の負担はそれぞれの企業にとっては大きな負担と考えられていた。一方、当時はまだ知的財産権という発想自体が一般社会に浸透しておらず、安藤は「特許をネタに弱小企業から金を巻き上げる憎き『特許魔』」という扱い方までされてしまう。この事態を打開しようと動いたのが、日本人なら誰でも知っている松下電器創業者の松下幸之助である。1932年、松下電器がまだ株式会社になる前、松下は安藤に「25,000円（現在の価値で言えば億に近い金額に相当）でラジオを作るために必要な真空管とその関連特許を一括売ってくれ」と申し出る。安藤はこれを承諾し、松下に譲渡する。翌日、松下は買い取ったラジオ関連特許を今度は無償公開すると発表する。このいきさつから見えることは、単に松下幸之助がきっぷのいい人間であった、というだけの話ではない。現在の貨幣価値にして億にも相当する金銭が、理由はともかくメディア技術に投下され、それが実際のラジオ受信機となって世の中に広まっていったということだ。松下も自分が必要だったという以上に社会全体の必要性、大義を感じてこのような行動を起こしたのであろう。その大義こそが、その後の社会にメディア（ラジオ）が必要だという強い信念であり、現実社会もその思いと同じように実際に動いていった。

　この一連の騒動ともいうべきことから見えるのは、社会の動き、社会でわき起こるあらたな方向へ進む流れは、その流れ自体が、その時世に生まれた新しい技術を取り込み、技術で社会が変化の推進力を得るという図式である。この意味では、技術が原因者で社会や人間が受益者であり、かつ影響を一方的に受ける側であるという因果関係はまったく逆になっているということではないだろうか。

　今後あらたに出現するであろう新しい技術も、それ自体に意味が最初からあるわけではなく、その技術に多大な資本や人的エネルギーが投下され、結果として社会に選び取られた時点で社会に組み込まれていく装置やサービスとなるはずだ。

1-3：tele 技術が次々に生まれる

　有線電信、無線通信、そして理論的バックボーンとなる電磁波理論、これらのインパクトは 20 世紀に入って急速な技術開発と人間社会のコミュニケーションの革命的変革となって現れることになる。

　最初は tele-graph（電信・電報）という形でコミュニケーション・テクノロジーが結実し、遠く離れたところへの情報伝達手段として脚光を浴びる。前述した通り、初期は単純な音の組みあわせで符号化されたものが伝送用の仕組みとなっていたが、単純な音が伝送できるなら人間の声も楽器の演奏も、つまり音声も伝送できるはずだと音声通信（有線・無線）が実現する。有線の方は tele-phone（電話）に、無線の方は、軍事技術としての利用はもとより、個人間のアマチュア無線的なものも含めてマニアのあいだでも広がりを見せていき、そのうちラジオに似た体裁をとるようになる。

　無線通信が急にラジオに変身したわけではない。アメリカでは、フランク・コンラッドという無線技術者でありかつ無線愛好家が、自宅ガレージを拠点に放送のようなことを始めていた[4]。コンラッドはアマチュア無線的なコミュニケーションのなかで、今のラジオ放送のように、自宅から話やレコードなどを流していた。レコードも、自宅のレコードが尽きると、街のレコード店と共同し、「このレコードは○○レコード店にて販売中です」といったレコードのコマーシャルをやる代わりにラジオ放送用に借り出して放送に使うことになっていった。今のメディアと広告のもっとも初期の形だ。こうした行為が定着していくとともに、コンラッド側は情報を送る側に、その他の通信相手はもっぱら聴く側にまわっていった。

　アメリカはイギリスと違って、こうした行為が比較的自由で、初期は無線局の許認可も厳密ではなかった。日本でも無線局の許可を受けずに無線通信をしていたマニアがいたことがわかっている[5]。これらのマニアは、会話や音楽など、今のラジオ放送に近い内容を伝えあっていた。ただし、日本でも無線通信がいきなり放送に転換したということではない。元々はどの通信機器にも送信と受信両方の機能が備えられていたが、しだいに、特定の人物が送信の役割を

担うことになり、受信→送信→受信→送信といった切替えがなくなり「送りっ放し」つまり「放送」のスタイルが定着していくことになる。これはアメリカでも日本でも同じである。前述のアメリカのコンラッドは、1対1で通信をするより、1カ所の送信所から多数の受信者が受ければ事業として成立するのではないかとその後KDKA局を開くのである。

図7-1 安藤博は東京-長野間で放送の萌芽となる通信を行っていた (1924)（東京朝日新聞 大正13年2月16日付)

この記事が興味深いのは、当初は無線通信で呼び出したのだが、会話が一通り終わると一方が音楽を流して他方がこれを無線機で聴くという行為がクローズアップされていることだ。日本でも放送的行為が普通に芽生えていたことを示している。この記事の数年前には、海を隔てたアメリカではKDKAというピッツバーグの局が定時放送を開始し、本格的なラジオ時代を迎えようとしていた。日本でもアメリカでも、マスメディアとしての萌芽はほぼ同じ時期に同

じように芽生え、成長していったことがわかる。これが、現在のラジオ、元の名称を radio-telegraphy（電磁波を使った電信術）という tele を実現するテクノロジーである。

1-4：耳から目へ　音から映像へ

その次に登場するのは、現在でも巨大マスメディアとして君臨する television である。tele（遠く）と vision（視覚・映像）の組みあわせテクノロジーだ。第二次世界大戦前、ナチスドイツが膨大な開発資金を投入しポールニプコー・テレビを実現し、ナチスドイツ帝国構築と維持のためのプロパガンダ装置として使ったことは有名である。

第二次大戦後、世界各国でテレビの普及が加速した。このテクノロジーは、さらに衛星通信技術を加えて全世界の映像ネットワークとなり、マクルーアン（Marshall McLuhan）のいうグローバル・ビレッジ＝地球村を成立させた。現在 web というとインターネットの電子網のことを指すが、実は北米の地方テレビ局をネット化した際に、あたかもそれがクモの巣であるかのように見えたために「web」と呼んだのだが、こう呼ぶほど地上波テレビは、最初は国内で、そして次には世界的ネットワーク化が進んだ。

世界がテレビというメディアでネットワーク化されると何が起きたか、まず、放送番組の国際間流通が加速したのである。テレビがラジオと根本的に違うのは、その番組制作におけるコストが桁違いに大きいということである。たとえば、ごくありふれた30分もののバラエティー番組を1本作ると、日本では現在数千万円もの費用がかかる。もちろんこれ以上にコストのかかる番組もあれば、はるかに安く作られているものもあるが、平均的に映像のコンテンツ制作には高い費用がかかる。こうなると、海外からすでに放送された番組を購入する方が安くつく場合もある。そのため、海外で人気のあったドラマシリーズや、劇場公開後時間が経過し、配給費用が安くなった映画、あるいはアニメなど、多くの制作物が生産国以外にも流れるようになった。

これだけならただ番組が外販され、国外にも流れるようになった、というこ

とだが、問題はそう簡単ではない。番組内容には、どのような番組でも生産国の規範や人々の考え方、あるいは常識といったものが反映されている。たとえば、何気なく見ていたアメリカのホームドラマがあったとすると、その日本人視聴者は、ストーリーを楽しんで見ただけでなく、登場人物の行動や思考のパターン、背景になっている家の様子や街のつくり、あるいは食べ物に至るまで、描かれた映像の多くの「意味」をも同時に摂取（内化）している。このくり返しにより、一種の憧れのような感情を無意識のうちに抱いてしまうことがある。アメリカの番組や映画に描かれる生活を、望ましい豊かな生活としてとらえるのは、私たちが無意識のうちにこうした情報を摂取していたことの裏返しでもある。映画や番組をはじめ多くのメディアコンテンツには、価値枠組みも含まれており、接した人たちはそれも同時に吸収してしまうという性質からくるものだ。現代なら、日本のアニメを見て育った外国の若者が、日本的な価値枠組みに憧れたり、アニメが描く世界観に引きつけられたりすることをしばしば目にするが、これも同じ仕組みなのである。

　もう1点、テレビというメディア、現代人が必ず日常的に接する重要なメディアのひとつになったことは、現代人の思考構造に「テレビ的な」考え方が引き写されることにもつながったということだ。オングは、人間は道具（オングの場合は文字）を使った結果、使うだけでなく、道具（文字）のもつ性質が人間の意識構造を変えたという指摘をしている[6]。文字を使うようになってからは、われわれが考える時は、文字で考えるだけでなく、文字がもつ線的（リニア）な構造、つまり、起承転結や、主語、述語、動詞といった文法の直線的構造が、そのまま人間の思考構造になってしまっている、ということだ。われわれが悩む時、考え事をする時も、われわれの頭のなかでめぐっているのは、文字であり、その思考構造も文章がもつ構造と同じになっている。その意味では、テレビが普及すると、われわれが映像で物事を知ったり判断したりすることが日常になるわけだが、そのことが、映像のもつ構造、つまり、映像は元々感情的反応を引き起こしやすいものが多い、という構造上の特徴をそのまま現代人の思考構造のひとつにしていったのである。

耳から目へ、音から映像へ、というメディアの主流が変化して、われわれは文字だけでなく、映像のもつ構造的特徴をも思考構造の大きな枠組みにしてきたのである。

❷ マスメディアの攻防とテクノロジー

19世紀後半に電磁波理論と電磁波通信技術が登場したが、20世紀は、メディアの世紀といわれるほど多くのメディアやコミュニケーション・サービスが登場した。

これまでのメディアの歴史では、新しいテクノロジーが常にそれまでのメディアを相対化してきた。ラジオはテレビの登場と普及に伴って相対的に地盤沈下し、草創期は総花的でドラマでも音楽でも講演でもなんでも放送していたメディアであったが、テレビの急速な伸長とともに、マスメディアの主役をテレビに譲り、しだいに今のラジオ的機能、コンテンツに絞り込まれていった。

そして地上波テレビは、主に1980年代から通信衛星や地上映像回線によりネットワーク化されたケーブルテレビによって相対化され始めた。元々通信回線は地上波テレビ局のネットワークに使われていた先進技術だったが、ケーブルテレビの伸長は、その寡占的市場を崩し、ケーブル局と通信衛星を組みあわせたケーブルネットワークを成立させた。とくにアメリカやヨーロッパ諸国では、そのことにより、視聴者の多くがケーブルへと移り、結果的に地上波テレビネットワークは相対化されるようになった。

そして、20世紀末、主に大学間の研究ネットであったインターネットは、商用利用が進み、21世紀に入ると爆発的に普及した。そして、当初は文字のやりとりが主流であったものが、現在では動画や音声を多用した、いわゆる「マルチメディア」としてマスメディアとしての役割だけではなく、個人間のパーソナルメディアとしても大きな役割を担うに至っている。現在は違法とされているが、地上波テレビなどで放送された番組もネット上に多く存在し、「テレビ番組をネットで見る」行為もさほど珍しいことではなくなっている。

まさに、こうしてみると、すべての情報を飲み込もうとでもするような、実に多様なものを取り込んでひとつの大きなインフラとして成立した地球レベルの情報網、インターネットが成立したのである。この移り変わりは、同時にメディア事業の攻防ともなっている。広告費を前提としているメディアは、民放ならほぼすべて、新聞でも50％であり、広告費が他のメディアに移動すると、途端に事業そのものの変更を余儀なくされる。技術やこれを利用したサービスは、単に利用者の増減というだけにとどまらず、広告費も移動するため、事業そのものが変わらなければならなくなる。つまり、今より広告費が減れば、テレビや新聞は、今よりもっと制作コストを削減しなければ成立しなくなるため、現在の番組や紙面の内容、質を維持することが難しくなる。

　それは単に電子版のコンテンツを作ればいいという単純なものでもない。たとえば、新聞が電子版を作ったとする。有料の電子版のすぐ横に無料で同じ内容の記事があったらどうだろう。誰も有料版は買わない。ここで問われてしまうのは、情報の独自性、オリジナリティーだ。独自取材による、独自の記事があり、それが対価に相当するものだと認められてはじめて電子版は成立するのだ。

　記者クラブという組織の排他的性格が、かつて外国から「知のカルテルだ」と批判されたことがあったが、発表される情報を独占し、リライトし、紙や電波に乗せて受け手に届けてきたビジネスモデルが、だんだん通用しなくなってきている。たとえば東京電力の記者会見には、メディア関係者しか入れないと誤解している人も多いが、現実には誰でも入れるし、発表情報には誰でもアクセスできる。となると、マスメディアでなければニュースが得られない、というのはただの空想だったということがわかる。

　新聞の電子化問題と同じ構図なのは、書籍、出版である。これまで文字や静止画情報を紙に定着して物流として消費者に届けてきた。このコスト、実はコンテンツを生み出す著者、作者側へ渡る金額は、パッケージ代金のおよそ10分の1にすぎない。9割は紙に定着（製作）する費用、物流の費用、在庫の費用、広告の費用だ。ということは、単純化していえば、これまで2,000円の紙の本

は、実際には200円でその内容が買えるということだ。乗り物としての紙がなくなることはないだろうが、週刊誌や雑誌類、マンガなど定期刊行物が電子化され物流なしのコンテンツ流通になる可能性は小さくない。また一部の書籍も、パーソナルデジタル機器が進化普及していくなかで、電子化されたコンテンツとして使われていくのは必至である。もちろん、これまで紙というメディアの制約で文字や静止画しか定着できなかったことも電子化により大きく変化するであろう。20年近く前に制作された「LuLu」という電子絵本は、動画はもちろん、絵本のどこかをクリックすると動いたり絵が動的に変化したりする「マルチメディア作品」だった。こうした動的なコンテンツも当然増えていくはずだ。すでに雑誌などでは、たとえば、これまでファッション写真が静止したものであったのが、電子版では動画になるなど紙の制約を受けないコンテンツに変わりつつある。

　こうしてみてみると、単に情報の乗り物が変わりつつあるということだけにとどまらず、乗り物に適した内容の変化、という面も多分に出てくるということがわかる。

メディアはただの「乗り物」に過ぎない

　第4章のインターネットとジャーナリズムの項に詳しく記述されているが、新聞も既存のテレビも情報の乗り物としては、今や王者の地位から転げ落ちようとしている（すでに転げ落ち始めている）。その理由は、たとえばニュースの機能にスポットを当ててみると、新聞やテレビが独自に取材したニュースがほとんどないことにある。つまりほとんどのニュースが元々独自コンテンツではないのだ。大半のニュースは記者クラブや記者会見で発表される。事件事故は警察が、政治も囲み取材や会見、経済も企業の記者会見や経済団体からのニュースリリースだ。テレビも新聞も発表されたものに映像や写真、場合によっては識者コメントを付けたぐらいでニュースを制作しているのが現実だ。実際、テレビを見ようが新聞を見ようが、ネットの通信社ニュースを見ようがどれも同じ内容と書き方なのは、ニュースの出所が同じだからである。

メディアはそのメディア特有のオリジナル・コンテンツがないかぎり、ただの乗り物にすぎない。ほかにもっと早く簡便な乗り物が登場すれば、そちらに移ってしまうのは当然のことなのだ。たとえば、新聞事業において近年劇的に経営が厳しくなってきているのは、この電子コミュニケーション時代にあって「乗り物のコスト」が相対的に高くなってしまったからでもある。たとえば新聞記者が書いた記事や写真は、新聞社の編集サーバーに送られるが、これを各セクションの責任者がチェックし、承認すると整理部へ回される。記事化の人的資源はどんなメディアでも似たようなものだが、新聞はここからが異なる。紙面構成や文法、表記などの再チェックを受けた後製版され印刷されるのだが、印刷は地方の拠点ごとに印刷工場が配置してあり、そこで大量の新聞を高速で印刷する。これをトラックで販売店へ運び、最後は配達員の手によって各戸へ配達されるわけだ。別な見方をすれば、情報を紙に乗せて大量に複製し、その紙を人力で読む人の元へ運ぶという、まさに人海戦術なのだ。

　一方、ニュースの元となる情報源は、もはや新聞記者が足でかせいだネタなどということは企画もの以外にほとんどなく、大半は発表ものである。その発表も、警察や政治分野を除けばインターネットのなかにも、記者に向けてリリースしたものと同じものが存在する場合が多い。となると、あえて発表された情報を定着させた紙を、対価を支払って購入するということの積極的な意味が感じられない、と新聞を購読しない人が増えるのも当たり前のことだ。

　既存ジャーナリズムは、常に「プロの編集」だとか「裏をとった」ものということを絶対的なメリットのように主張するわけだが、現実問題として、新聞の購読部数やテレビの視聴率も下がっているのであれば、それは視聴者、購読者が、発表ニュースのリライトにそれほど意味を見出していないことや、事実かどうかの裏取りについても、発表が多い条件では、裏を取ることの現実的な意味を感じていないことの表れであるともいえる。言い方を変えれば、現在のマスメディアのプロフェッショナリズムというものをあまり認めていないと考えても無理はない。

　メディアの機能で有名なのは「環境監視機能」だと昔のジャーナリズムのテ

キストには書いてある[7]。また、メディアは番犬（watch dog）だという表現もある。しかし、現実には、えさ（＝情報）を出す人には誰にでも尻尾を振ってすり寄り、その発表ばかりをリライト（書き直し）生産していても、それが主体的な環境監視だとは誰も認めない。発表ジャーナリズムは、情報を出したい側のアジェンダをセットする[8]ことに協力するだけであり、むしろ社会的にはマイナスだという見方も否定できない。

　こうして見てくると、20世紀には、それなりに機能してきたマスコミュニケーションは、今大きな曲がり角に来ているといえよう。ひとつの大きな原因は、情報を低コストで早く大勢に運ぶことができるインターネットと、それを利用するパソコン、スマートフォンなどのパーソナルデジタル機器が急速に普及したこと、さらにはこれらデジタル機器が情報の簡易な制作機能ももっていて、特別なスキルをもって取材や調査をする必要のない偶発的な事故や事件、竜巻や洪水、地震などの天災では、すでに「送り手」側になっていることなど、これまでの「送り手」と「受け手」という固定的だった関係が、ごく一部にせよ崩れてきていることであろう。さらには、人々がSNSなどを多用することで、マスメディア経由の情報を多量に常時摂取しなくなったことが、情報提供者としてのマスメディアへの依存を変化させてきたためかもしれない。どのような時代になっても、ただの「受け手」がすべての情報の「送り手」になるわけではないが、いずれにしても「情報の受け取り方」「メディアの見方」が変わってきたことだけは明らかである。

❸　コミュニケーション・テクノロジーとマスコミュニケーション

　これまでわれわれ市民やマスコミュニケーション産業に従事する人々は、マスコミュニケーション、マスメディアの存在意義について、ほとんど自明のことのように考えてきた傾向があるが、次々に現れるコミュニケーション・テクノロジーが新しいサービスを登場させるようになり、その存在意義や機能について、われわれはあらためて考え直す必要に迫られている。このメディアの新

陳代謝とも言うべき動きは、これまでの主流を相対化し、新しいものがもつべき機能を再確認させる。新聞のどういう機能が本当は必要なのか、テレビのどういう役割が私たちの生活や社会全体にとって必要なのか、ひとつひとつを浮き上がらせていく。150年の歴史をもつアメリカの老舗地方紙 Rocky Mountain News（コロラド州）が閉刊したのは、競合する新聞資本に負けたのではなく、実質的にはネットに流れる多くのニュースが横に並んだからだった。記事の内容や編集の細かな水準はともかく、同じニュース、そして新聞より多様な種類のニュースがインターネットに存在することを見た読者は、しだいに新聞の必要性を感じなくなった。

今後、20世紀に黄金時代だったマスメディアは、この21世紀にあらためてその機能を再検討され、存在意義を問われていくことは間違いない。そのなかで、誰もが認める機能・必要性を明示できれば生き残れるだろうし、それができなければ他のメディアに取って代わられるだけである。

こうした意味で、テクノロジーは、われわれにそれまでのものを再確認、チェックするチャンスを与えているとも考えることができる。

(小田原　敏)

【注】
(1) 21世紀になっても、真空中を電磁波が伝わっていくという結果はわかっているが、肝心の媒体については解明されていない。
(2) アメリカでの特許取得は1840年。
(3) このようなしくみをモデル化したのはシャノンとウィーバーで「コミュニケーションの数学的理論」にまとめている。
(4) コンラッドのケースを放送としないのは、放送は決まった時間に決まった送信者が送信することであり、その意味ではコンラッドをはじめとする実験放送の多くは時間や番組が不確定であったということで放送の行為には該当しないとされている。
(5) 写真の通り大正13（1924）年2月16日付の東京朝日新聞には、長野と東京間で片方が無許可のまま通信していた様子が報じられている。
(6) Ong, 1982, *Orality and Literacy*＝「声の文化と文字の文化」1991 藤原書店「第4章　書くことは意識の構造を変える」を参照

(7) マスコミュニケーションの機能についてラズウェルは、1. 環境監視機能　2. 社会構成員の相互作用　3. 社会的遺産の伝達　をあげている。環境監視に近い発想としてシュラムの「見張り（watcher）」機能もある。
 (8) アジェンダ・セッティングとは、日本語で議題設定機能と呼ばれ、人々が「何について考えるか」にきわめて強い影響力をもつと証明されたマスメディアの重要な機能。

【参 考 文 献】

安藤博，1922，『無線電話 Radio Telephony』早稲田大學出版部.
水越伸，1993，『メディアの生成 ── アメリカメディアの動態史』同文館出版.
Ong, Walter J., 1982, *Orality and Lieracy*.（＝1995, 桜井ほか訳『声の文化と文字の文化』藤原書店）.
Weaver, David H., 1981, *Media Agenda-setting in a Presidential Election*.（＝1988, 竹下俊郎訳『マスコミが世論を決める』勁草書房）
Whittemore, Hank, 1990, *CNN：The Inside Story*, U.S.A.：Little, Brown and Company, 12-13.
財団法人安藤研究所，1988,「真空管と安藤博 ── エレクトロニクスの開拓者」（非売品）.

【参　　　考】

安藤博について：多くは安藤博自身が設立した財団法人安藤研究所が展示物や史料をまとめた「真空管と安藤博」と当時の新聞記事によるが、一部、無線技術者であり産業技術遺産の研究者、中山元泰（元長崎女子短期大学教授）の記述（http://homepage2.nifty.com/nakagen29/index.htm）を参考にした。

8 ブラジルから考える
メディアの「グローバルとローカル」

0 はじめに

　フランスの週刊紙『カナール・アンシェネ』が 2013 年 9 月 11 日号の紙面に掲載した風刺画は、日本で大きな波紋を呼んだ。2020 年の東京オリンピック開催が決まったことを伝える記事と並んで掲載されたその風刺画には、福島第一原発を背景に手足が 3 本の痩せこけた力士たちと、「すばらしい！ フクシマのおかげで相撲が五輪種目になった！」と叫ぶアナウンサーが描かれていた。日本政府は抗議を行ったが、新聞社は謝罪を拒否したという。その言い分が、グローバル時代のメディアを考える上で興味深い。「日本にいる本紙の予約購読者はわずか 51 人」だと指摘したり、「ひどい風刺画を報道して国民を傷つけたのは日本のメディアではないか」と反論し、むしろ風刺画を伝えた日本の報道機関を問題視したという[1]。

　風刺画の正当性はともかくとして、この反論が興味深いのは、日本のメディアが騒がなければ、日本の人々に対してこの風刺画の存在が知れ渡らず、人々も傷つかずに済んだはずだという論理に依拠していることだ。この新聞の作り手はこの風刺画がスキャンされインターネットで流通することによって無限に拡散する可能性を軽視している。また経済・労働市場の国際化に伴い人の移動が激しい現代においては、少なからぬ日本人がフランスに在住し、フランス語も堪能でこの新聞を講読している可能性も無視している。一言でいえば、グローバル時代におけるメディア事情の変容に対する理解が欠けているのかもしれない。

　本章では、たとえば風刺画という具体例を手がかりに、グローバリゼーションとメディアをめぐる諸問題を考えてみたい。ここで出す事例の多くはブラジ

ルの話題である。なぜ、ブラジルなのか。この国が日本人にとって「地球の裏側」（私はそれを「地球の反対側」という表現に訂正したい）に位置し、地理的な距離ばかりでなく、欧米先進国に比べれば情報が日本に届かないという意味においてももっとも遠い「異国」であるという理由がまずあげられる。日本で国際比較の対象として話題になることが多い米国や英国のメディアとはまるで異なる個性と魅力がブラジルのメディア界にはある。逆にブラジル人から見た「日本」についても同じような情報不足の問題が指摘できる。

そこで、たとえば日本が世界でもっとも「ニュース」になった「3.11＝東日本大震災」が、ブラジルの新聞やテレビでどのように報じられたかという事例を通して、ふだん日本で紹介される「報道の国際比較」とは異なる視点からの問題提起を試みたい。そのために、あえて「ハードニュース」（いわゆる出来事の報道）ではなく、新聞に掲載される「風刺画」から派生した問題に注目してみる。次に、ブラジルで圧倒的な影響力を有するテレビのニュース番組に着目し、番組の制作者が「誰に向けてニュースを伝えるのか」という根本的な問いにどう向きあっているか、その模索を考察する。とりわけ制作サイドが想定する「平均的な視聴者像」をめぐる大論争の事例を取り上げる。

ではまず、ブラジルの事例に移る前に、ある映画を参考に、グローバル時代のメディア事情の奥深さを確認しておこう。

1 映画から考えるグローバルとローカル

オムニバス映画『セプテンバー11』は11ヵ国の映像作家による短編集で、それぞれがいわゆる「9.11事件」（ニューヨークのツインタワーでのテロ事件）をモチーフに独自の視点から「社会」や「メディア」について問題を提起している。そして作品の多くが「グローバル」と「ローカル」の対比（あるいは対立）を題材にしている。

たとえばイスラエル出身のアモス・ギタイ監督の作品では、テルアビブ市内で自爆テロが発生し、その現場にテレビのレポーターがいち早く駆けつけて生

中継を始める。ところが中継が始まって間もなく、編集部にニューヨークのツインタワービルに飛行機が激突して爆発し、テロの可能性が濃厚だという第一報が入る。地元の自爆テロの中継を中断して国際映像によるニューヨークの事件の生中継に切り替わることを編集部より告げられて、レポーターは激怒する。「事件はここ、テルアビブで発生しているのよ！」それに対して編集部側も逆切れする。「君はまだことの重大さがわからないのか！？　ワールドトレードセンターに飛行機が突っ込んで爆発したのだぞ！」と。

　このやりとりは、まさにメディアの「グローバル」と「ローカル」の対立そのものである。編集部の発想からすれば、「グローバルな単位」で絶大な影響を及ぼしうる 9.11 事件が優先されるべきだということに対して疑問の余地はなかっただろう。しかし、「ローカルな現場」で「今、ここで起きている事件」を目の当たりにしているレポーターからすれば、これこそがもっとも伝えるべき重大事項なのだ。そしてこの難題に関しては絶対的な正解はない。

　一方、アフリカのブルキナファソ出身のイドリッサ・ヴェドラーゴ監督の作品では、家計が苦しい家庭の少年が母親の薬代を稼ぐために街頭で新聞を売っている。少年は商品を手に「号外！　号外！　9.11 テロ事件の容疑者はビンラディン！」と叫ぶのだが、「号外」として売り込んでいる新聞が、なんと、1 週間前のものなのだ！　この少年の家にはテレビもない。彼が 9.11 事件を知る手段は限られている。やがて彼とその仲間はビンラディンを捕まえれば莫大な懸賞金がもらえると知り、近所で見かけた男がビンラディンだと信じ込んで追い始める……この作品は、「9.11 事件は世界中が同時にメディアを通して固唾を呑んで情報を得た」という、グローバル時代のメディア普及を唱える論調がとらえきれていないもう一つの現実を表している。それは国内にも存在するが国家間でより顕著な「情報格差」の問題である。

　イスラエル篇では、「伝えるべきもっとも重要なニュースとは何か」という、ニュースの作り手のジレンマが提示される。ブルキナファソ篇では、ニュース受容の「階層化」が垣間見られる。この映画で示される「情報格差」は、日本国内で見られるものとはまるで次元が違う。このように「日本」というローカ

124　第 8 章　ブラジルから考えるメディアの「グローバルとローカル」

ルな単位で考えるだけでは見落としがちなメディアの問題を再考するきっかけとして、『セプテンバー11』というオムニバス映画は示唆に富んでいるのだ。

❷ 「3.11」の報道から考えるグローバルとローカル

　近年の「日本」にまつわる出来事のなかで、もっとも世界中のマスメディアが注目し過熱報道したのは、まぎれもなく2011年3月の東日本大震災とそれに次ぐ原発問題だろう。ブラジルの新聞やテレビも例外ではなかった。そして私は震災発生当時、ブラジルのサンパウロ市に滞在していたため、テレビニュースやインターネットはもちろんのこと、複数の新聞を購入して毎日読み比べていた。そしてどのメディアも3.11そのものを報道・議論する場になると同時に、3.11に関する「報道のあるべき姿」を熱く議論する「ホットスポット」に化していた。そこで本節ではブラジルの「ローカル」なメディアによる報道の検証を通して、「日本」が「世界」にどう見られているかを「グローバル」な視点から問い直してみる。

2-1：津波を描いた風刺画の波紋

　まず注目したいのは、ブラジルでもっとも権威ある日刊紙の一つである*Folha de S. Paulo*が掲載した風刺画をめぐる大論争である。ブラジルの新聞各紙は例外なく、政治家や時の権力者を容赦なく批判し茶化す風刺画を掲載する。大事件が起きるとその出来事がテーマになることも珍しくない。3.11の翌日にあたる3月12日付け朝刊紙の2面に掲載された風刺画は、予想どおり、東日本大震災にちなんだものだった。具体的には、葛飾北斎による「富嶽三十六景」のなかの、横浜本牧沖から富士を眺めた「神奈川沖浪裏」をモチーフにした風

図8-1　賛否を巻き起こした風刺画

刺画だ。有名な浮世絵では大波の向こうに富士山を望むことができるのだが、 *Folha* 紙の風刺画では、火災につつまれた家宅や車、松の木、そして原子力発電所までもが大波に流されたりのみ込まれたりしている様子がリアルに描かれていた（図8-1）。これが（少なくとも新聞社側からすれば）思わぬ波紋を呼び起こしてしまった。

「まったく無神経で無責任な風刺画である。日本のみなさんが今、つらい思いをしているというのに。」これは3月13日付け朝刊の読者投稿欄に掲載された一文である。翌日の3月14日には次のような投稿があった。「あの風刺画はいったい何を目的としているのか？このような大惨事については、ユーモラスな表現は許されない。たとえばピカソのゲルニカは、戦争の悲劇を表象してはいるが、観る者に対してあのスペインの戦争の恐ろしさを訴える。しかし、この風刺画は何の批判精神も根拠もなく、多くの無罪の人々が命を落とした出来事をネタとして楽しんでいるように見える。これは風刺画にしてはならない出来事なのだ。」

このような拒否反応を引き起こした理由の一つはそのタイトルにあったとも考えられる。「Xilogravuras japonesas-A onda」（「日本の版画——波」）の「A onda」はいかにもハリウッドの大作映画を連想させる題名だ。スペクタクルとしての「Tsunami」を強調する作風は人々の苦しみや哀しみに対して無神経である、という拒否反応なのだ。

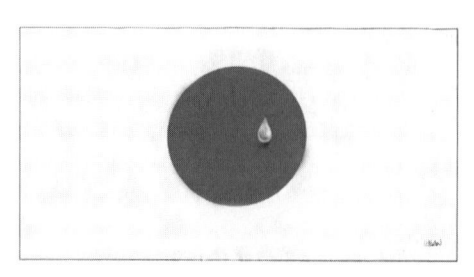

図8-2　反省の表明とも受け取れる風刺画

同紙の編集部はこの風刺画に対する拒否反応を重く受け止めたようである。その証拠に、同じ13日には日の丸の旗を連想させる真っ白なバックに赤色の円形があり、その円形が一粒の涙をこぼしているという、Jeanによる風刺画を掲載した（図8-2）。

日本国民の悲しみや心情に寄り添うこの風刺画が、前日に掲載された傍観者

目線の刺激的な風刺画への間接的な弁明であることは、誰から見ても明らかだろう。

さらに、15日の読者欄に、同紙の看板風刺画家であり、ブラジルでもっとも有名なイラストレーターの一人でもあるLaerteが、同業者としてJoão Montanaroを弁護する投書が掲載された。その一部を抜粋する。

> 彼は無神経ではなく、斬新であった。日本文化のアイコン（記号）を使用して、我々を様々なコントラストについて考えさせてくれる。伝統的でパーマネントで形のあるものと、その一方で、瞬間的、破壊的なものとの対比について。北斎の浮世絵が描く自然とそのエネルギー、そしてその一方で、同じ自然の暴力的な力との対比。台風の美しさと、それがもたらすカオスの恐ろしい美しさ。恐らく多くの読者が、車や船がレゴのピースの如く、浮いたりぶつかったりしているのを見て、これらの矛盾した感情を抱いたのではなかろうか？　作者はその画において、（流される）人間を描かなかったが、これはまさにこの事件の犠牲者に対する配慮であったと捉えてよかろう。さらに、波に流されているモノの中に、原子力発電所も含まれていることに気づいただろうか？　これはまさに警告であり、あざ笑いなどではない。

このLaerteによる投稿に対しては賛同を示す反応と不同意の反応がそれぞれ掲載された。

> 専門家の見解はさすがである。私もLaerteによる解説を読むまでは、あのMontanaroの風刺画に対して嫌悪感を抱いていた。やはり、われわれ一般人の目では、必ずしも芸術の内容をすべて理解することはできない。(2011年3月16日)
> Laerteは弁明が不可能なMontanaroの風刺画をなんとか弁護しようとして、色々無理な論理を並べて頑張ったが、結局のところ、説得力に欠けていた。(2011年3月17日)

他方、作者の年齢の若さに作風の理由を求める読者もいる。

> 13日付けの読者に賛同する。恐らく、このような風刺画を書いてしまったの

は、作者がまだ15歳で未熟だからだろう。若い世代は感受性が欠けているのかもしれない。偶然か否か、数人の若者がこの日本の悲劇に対して悪ふざけのジョークを言っているのを耳にした。幸い、13日付けの *Folha* は、まるで謝罪を兼ねているかのように、Jeanという作者による、しんみりとさせられる風刺画を我々にプレゼントしてくれた。（2011年3月16日）

さて、*Folha* の編集部（そしてわれわれ）はこの議論から何を学び取ることができるのだろうか。「風刺画は思わぬリアクションを引き起こしうるリスキーな表現法である」という結論ですませるのはあまりにも安易だろう。そこで有効なのが、本章のタイトルに出てくる「グローバルとローカル」の対比である。

従来なら、マスメディアは想定される読者、すなわち「local people＝自国民」が納得できるコンテンツを提供すれば、つまりその媒体が講読されている人々の「ニーズ」に応えれば、まずは安心できた。今回の3.11関連の報道の場合、*Folha* が流通している範囲（ブラジル在住のポルトガル語話者）を想定した紙面づくりをすれば充分であり、*Folha* を一生手に取らない日本人がこの風刺画をどう受け止めるだろうかなど、考慮されなかったはずである。そこに落とし穴があった。マスメディアがもってきた自国中心主義と販売エリアからくるローカル意識が拭いきれないがゆえに、「グローバル化」した読者層との間にズレが生じた。*Folha* の読者にとっての「想像の共同体」は「ナショナル」な単位ではなく、地球の反対側にいる「兄弟」（現にある読者は日本人を「irmãos japoneses」、すなわち「日本人の兄弟」と称していた）を含める「グローバル」な単位の共同体であった。一部の読者は「日本人ならこの風刺画をどう受け止めただろうか」を想像して、「日本人の目」でMontanaroの風刺画を批評したのである。これはいかにも「地球市民」「グローバル社会の一員」の視点に立ったメディア・リテラシーの表出である。これを突き詰めれば、いかなる国や言語のメディアも想定読者層を「全人類」として設定しなければならないということになる。むろんこれは無謀な極論に聞こえるかもしれないが、インターネットのコンテンツを瞬時に多言語翻訳できる「グーグル・トランスレーター」の普及や、世界各国の活字媒体の記事を翻訳して再掲するクーリエ・インターナショナルという

雑誌（日本でも講談社が『クーリエ・ジャポン』として発行）まで作られている時代においては、メディアの作り手・送り手のグローバル意識がより一層問われることは間違いない。

2-2：ブラジルのメディアが伝えた「3.11」

　前節では、国際社会でどちらかといえば「周縁的」な位置にあるブラジルのナショナル・メディアまでもが、国境を越えた反響や読者のグローバル意識をもっと考慮しなければならないあらたな局面を紹介した。ここでは、同じく3.11を事例に、グローバル時代における「人の移動」の活発化がマスメディアの送り手に突きつける課題を取り上げる。

　3.11のような大事件が起こると、いかなる「ローカル」なメディアも「グローバル」な情報収集・情報提供の物理的・人的な体制を有していることが、競合媒体より「良質なコンテンツが提供できる」という差別化の鍵となる。具体的には、どれだけ自前で取材ができるか、あるいは自前で取材ができない場合は他社から良質の情報が入手できるかということである。他社からの情報入手とは、国際通信社や海外の新聞・雑誌・テレビ局と提携を結んでいるか否かで大きな差が生じる。自前での情報入手については、各国・各地域にどの程度の特派員が配属されているか、もしくは緊急派遣できるかがそのメディアの「グローバル力」を計る決定的な指標となる。

　日本には Globo と Record という、ブラジルの二大テレビ局の特派員が常駐している。もっとも早めに大々的に地震速報と津波の映像を中継で流し始めたのは Record であった。同局のレポーターは地震が起こった時の恐怖をくり返し強調した。ただ、特派員が常駐しているのは被災地から離れた静岡県浜松市であり、文字どおりの「現場リポート」にはならなかった。

　その後、Globo も負けじとセンセーショナルな報道を重ねた。とりわけ原発事故と放射能汚染が発覚すると、報道合戦はさらにエスカレートした。だが情報量は必ずしも情報の質にはつながらなかった。そのため東日本大震災と福島原発問題に関連するブラジルのマスメディア報道に対しては、とりわけ日本に

住むブラジル人（以下、在日ブラジル人）から厳しい評価が相次いだ。特にブラジル最大のテレビ局で、日本でも CS 放送のスカイパーフェク TV で視聴できる Globo の報道に対する風当たりは強かった。インターネットを中心に、Globo の報道が震災の被害や放射能汚染の危険性を過剰に伝え、パニックを煽ったという批判が続出した。また、アジア特派員として東京を拠点としていたレポーターが放射能を恐れて被災地からだんだん遠ざかっているが、それは臆病な態度ではないかという批判が頻発した。そのレポーターの名字は Kovalick というのだが、ポルトガル語で「臆病」を意味する「コヴァルジ」とかけて「コヴァルジック」という不名誉なあだ名まで流行してしまった。

また取材の応援のために急きょ、日本に派遣されたレポーターの Marcos Uchôa に対する在日ブラジル人の目も厳しかった。震災直後に、道路封鎖や燃料不足のために支援物資の輸送が遅れているなか、数名のブラジル人がさまざまな工夫を重ねて物資を被災地に届けることに成功したニュースを伝える際、「日本の民間人は自発的に支援物資を被災地に届けようとしていない、それは冷たい態度だ」という「解説」を加えたが、これに対して「日本社会のことを理解してもいないのに、日本人を冷たい国民と結論づけるのは無神経で失礼だ」という抗議が在日ブラジル人から寄せられた。

これに応えるかのように、Globo の日本の系列局である IPC が発行する無料誌 *Vitrine* の 60 号（2011 年 4 月発行）において、Uchôa を筆頭に 3.11 報道を担ったレポーターが在日ブラジル人の批判に反論する場が設けられた。世界各地で発生した震災での現地レポートの経験が豊富であることから日本にも派遣されたという Uchôa は、日本人の「冷たさ」を指摘した問題に対して、次のように弁明している。「私は作り話はしない。見た事しか伝えない。チリでの大地震の時と比べて、日本で目の当たりにした現実があまりにも違ったのでそれを口にしただけだ。チリでは多くの民間人が自主的に支援物資を車に積んで被災地に向っていた。日本では一切そのような光景には出会わなかった。チリでも燃料不足の問題はあったが、それでも多くのキャラバンが被災地に向かった。」彼はさらに次のように反論する。「ずっとソファに座ってテレビやパソコンの画面の

みを通して震災関連の出来事を傍聴している人々からこのような批判を浴びるのは不思議だ。私が具体的にどのフレーズ、どの映像で真実からかけ離れたことを伝えていたのかをむしろ聞き返したい。」

　従来の国際報道は送り手と受け手の間に明確な「情報格差」があるという前提に成り立っていた。「読者や視聴者が行けない所に特派員が行っている」、「その国や地域について何も知らず、行ったこともない読者や視聴者に対して、現地に足を踏み込んだジャーナリストが基礎知識や最新事情を教える」という関係性であった。ところが、3.11報道が証明した通り、日本の内実や現状については、初来日のレポーターよりも長期在住者の方が精通していた。

　グローバル時代の大きな特徴は、海外渡航が容易（そして安価）になったために、「人の国際移動」が活発化したことである。90年代以降、多数のブラジル人が全世界に離散し、200万人以上のブラジル出身者が国外移住しているという（うち約20万人が日本に住んでいる）。国際ニュースの正確性や正当性を監視・牽制する「メディア利用者＝ニュース消費者」が200万人いることを、国際ニュース担当者や海外特派員は肝に銘じるべきだろう。

❸　誰のためのテレビニュースなのか

　「この国では、テレビに出ていなければ、あなたはまるで存在しないかのようだ。」こう明言したのはブラジルでもっとも著名なメディア評論家の一人、Eugenio Bucci である。テレビに出ていないと存在しないのも同然だというこの言葉は、若干の誇張があるにしても、ブラジル国民のメディア観と世界観を鋭く見通している。

　ここで細かい数字は示さないが、ブラジルでは情報収集の手段としてテレビは活字メディアを圧倒している。日刊紙のなかでもっとも発行部数が多い *Folha de S. Paulo* でも30万部に止まる[(2)]。対照的に、もっとも視聴率が高いテレビニュース番組として名高い *Jornal Nacional* は世界でも珍しいほどの占有率を誇り、毎日3,000万人に視聴されているという驚異的なデータもある（イ

シ 2008)。1969 年に開始した長寿番組であり、キャスター兼ね編集長を務める William Bonner は芸能人以上の国民的スーパースターである。その Bonner が 2005 年に、ブラジルのジャーナリズム史で語り継がれることが予想される「ホーマー論争」に巻き込まれた。

　ことの発端は、ブラジルでもっとも権威ある大学、サンパウロ大学コミュニケーション＆アート学部の教授陣が Globo テレビ局の見学に招待され、*Jornal Nacional* の編集会議を参与観察する機会に恵まれたことである。ニュースルームという「場所」の見学はできても、編集会議の傍聴を許すメディア企業は世界でもそう多くはないだろう。目もこえて口も達者なメディア論者たちに台所事情をおおっぴらに見せるからには、テレビ局側には相当の自信があったのだろう。ところが、見学者の一人、Laurindo Leal Filho 教授（通称ラーロ Lalo）はビジネス誌 *Carta Capital* の 2005 年 12 月号にその見学記を綴る記事を投稿し、その内容は同番組の編集方針やボーネルのジャーナリズム観に対する悪意に満ちた痛烈な批判であった。これを他のメディアが見逃すはずはなく、Bonner 個人も Globo テレビ局も格好の攻撃対象に化した。

　では、問題の見学記にはいったい何が書かれていたのか。「ボーネルからホーマーへ」（De Bonner para Homer）というタイトルが予告するとおり、論争の「主人公」は世界的な人気アニメ、「シンプソンズ」一家の父親であるホーマー・シンプソンだ。Lalo 教授によれば、ボーネルは編集会議において、難しい話題が提案されたり難解な表現が登場したりする度に、「これだとホーマーなら理解できないよ」と一蹴したという。Bonner が講演やインタビューでも幾度となく口にしてきた「ホーマーでも理解できるニュースや言葉遣いを」というのは、いわばあまりリテラシーに優れていない視聴者層でも理解可能なニュースづくり（そしてニュースで読み上げる原稿執筆）、文字通り「誰でも理解できる」、「国民全員が理解できる」コンテンツづくりの意味で使われてきた。これが Lalo 教授からすれば、「ニュースのレベル低下」、「複雑な話題を切り捨てることによるニュース内容の疲弊」、「ニュースで使われる語彙の強引な単純化によるニュースの貧困化」を招く、という悪影響を及ぼしているのである。よって Lalo はボ

ーネルが視聴者をバカにしており、視聴者をホーマーに譬えるのは優越感に起因する傲慢な態度であり、国民に対して失礼な態度である、と非難したのである。

　これに対し、Bonner はまずメディア業界を監視するウェブマガジン *Observatório da imprensa* の要望に応えて反論のコラムを書き、後に *Jornal Nacional* の制作裏話や自身のジャーナリズム論を綴った自著 *Jornal Nacional-Modo de fazer*（ジョルナウ・ナショナル――その作法）においても「すべての視聴者に理解されるということ」という題名の章を執筆し、この論争に関する思いを詳細に綴っている。彼は、もしある視聴者がニュースの内容を理解し損ねたら、それは視聴者のリテラシーの問題ではなく、あくまでも伝える側の責任であると断言する。そして彼が *Jornal Nacional* に就任した1996年当時を回想し、当時のエグゼクティブ・エディターであった Odejaime が「これだとウチの母親は理解しきれないな」と警告して原稿を書き直させていたと回想する。「当時、われわれの文章の基準は"Odejaime のお母さんが理解できなければ"だった。Globo のアフィリエイト（系列局）の集会にもゲストスピーカーとして招聘されたほどだ。」

　ボーネルが言及したホーマー・シンプソンは「労働者で家族思いでミドルクラスで中級程度の学歴をもつ一家の父親」だという。対して Lalo が描くホーマー像は「クッキーの大食いで、大酒飲みで知能が低い男」だ。Bonner いわく、「教授は確信犯的にホーマー・シンプソンの長所や肯定的な要素をすべて排除し、それを批判材料として悪用した」のだ。米国の *The Simpsons* の公式ホームページ[3] に記されているホーマーの紹介文は実に長く、前述した双方の要素（情報）が含まれた内容となっている。しかし、国境を越えてこのアニメとホーマーを愛しているファンの大多数は、ラーロが描くような嫌悪感が漂うキャラクターとしてではなく、Bonner が描写するように好感のもてる憎めないキャラクターとしてホーマーをとらえていると思われる。

　どちらに軍配を上げるべきかという調子でこの論争に決着をつけようとするのが本章の目的ではない。ただ、私はたまたまこの二人のジャーナリズム論を

直に聞くことができたため、ある程度の公平な意見が述べられると思う。在学時代には Lalo の授業を受け、研究者として Globo の編集部を見学し Bonner をインタビューした際にも彼の口からホーマー・シンプソンのたとえを聞かされた。ボーネルが視聴者をバカ扱いする意味でホーマーに言及しているという印象は（私だけではなく、同行していた国際テレビニュース研究会の日本人研究者たちも）まったく受けなかった。彼の文章や証言からはむしろ、巨大な国土に散らばっている視聴者を尊重する姿勢が垣間みられる。たとえば、各地域のレポーターには無理に標準語の使用を強いず、地域の方言やアクセントをあえて尊重するという配慮をしている。また、天気予報では「晴れ」を「良い天気」とは絶対に言わないように徹底しているそうである。なぜなら、干ばつに苦しむ北東部の視聴者にとっては、雨降りこそが「天候が良い」のだから……。

むろん、*Jornal Nacional* を批判するのは Lalo がはじめてではない。同番組のニュースの3分の2がわずか147ワードを使い回しながら作成されていたという研究もある（Rezende 2000）。この語彙の少なさを強引な単純化志向と見なすのか、それとも学歴が低い人々に対する親切な配慮として評価するのか。そこが Bonner 編集長と Lalo 教授のメディア論の分かれ目なのかもしれない。

では、この論争をここで取り上げた意図は何か。それは、貧富の格差が激しく、識字率が高くない国において、「誰もが理解できるニュース作り」を実践することの難しさを考える絶好の材料であるからに他ならない。「千差万別のバックグラウンドやニーズに応えきるコンテンツづくりなど、果たして可能なのか」という問いは何もブラジルのメディア関係者特有の悩みではなく、21世紀に生き残ろうとするすべての「マス」メディア関係者が抱える共通のジレンマでもある。万人受けするコンテンツ、常に「最大公約数」を目指す宿命から逃れられない「マス」メディアの構造的な限界をむき出しにした論争でもある。「誰のためのニュースなのか」。これはもっとも単純にして、永遠の問いなのかもしれない。

一方、そもそもブラジルのテレビ関係者がアメリカのテレビの人気キャラクターを「平均的視聴者」として想定していること自体が「グローバリゼーショ

ンとメディア」の象徴として興味深い。編集長を「アメリカかぶれ」とか「米国の文化帝国主義にマインドコントロールされた男」と全否定するのは一昔前のメディア論者による安易な論法だが、21世紀においてマスメディア理解を目指すわれわれは、こういうグローバル単位で流通するアニメのキャラクターがたとえばブラジルというローカルな単位でいかに消費・吸収・再解釈され、思わぬ形で脚光を浴びるのか、色眼鏡を外して注視したほうがはるかに有益ではなかろうか。

4 おわりに：問われる「マス」メディアの使命

　本章ではさまざまな事例紹介を通して、グローバル時代においてはマスメディアの「作り手」以上に視聴者や読者の「地球市民」としての意識が強まっていることや、人の国際移動が活発化したことにより、「海外特派員」なる人々の権威が脅かされる時代に突入したことなどを示した。さらには著名なテレビキャスターが巻き込まれた「ホーマー論争」が示唆するとおり、マスメディアが「誰に向けてニュースを伝えるのか」という根本的な問いに対する答えがより複雑化していることを指摘した。グローバルな単位での「情報格差」を提示する映画『セプテンバー11』にしても、ブラジルのメディア界をめぐる数々の話題にしても、日本から見れば確かに「異国で起きた珍しい話」に聞こえるかもしれないが、そこから派生する問いかけは普遍的であることに気づいていただけただろう。

　技術面では（マス）メディアは21世紀に入ったのに、国や人によってはいまだに20世紀的なメディア環境が残存しており、「21世紀に入りきれていない」のである。ブラジルがその象徴的な事例であると書けば、いかにもこの国を「発展途上国」として見下していると誤解されがちだが、インターネットの普及にもかかわらずテレビニュースがこれだけの影響力を保持するという現状など、いまだに「マス」メディア全盛期を経験している国であるからこそ、メディア論の素材が満ちあふれているのだ。ダジャレが許されるならば、Globoを知ら

ずしてグローバルな国際人を自負するな、と釘を刺しておきたい。

（アンジェロ・イシ）

【注】

(1) 時事ドットコム「仏週刊紙、「過ちない」と反論＝原発事故風刺画で謝罪拒否」．2013年09月19日配信（http://www.jiji.com/jc/zc?k=201309/2013091900024）
(2) Folha de S. Paulo 紙の公式サイトより。http://www1.folha.uol.com.br/institucional/circulacao.shtml（2013.10.10 確認）
(3) http://www.thesimpsons.com/#/characters（2013年10月20日確認）

【参考文献】

Bonner, William, 2009, *Jornal Nacional—Modo de fazer*, Editora Globo.
Bucci, Eugenio, 1997, *Brasil em tempo de TV*, Boitempo Editorial.
イシ，アンジェロ，2008，「海外でのフィールドワークの意義と課題」小玉美意子編『テレビニュースの解剖学』新曜社
Rezende, Guilherme, 2000, *Telejornalismo no Brasil：Um perfil editorial*, Summus.

執筆者紹介（執筆順）

小田原　敏（おだわら　さとし）（編者、序章、第7章）
　武蔵大学社会学部メディア社会学科教授
　主要業績：『メディア時代の広告と音楽——変容するCMと音楽化社会』共著、新曜社2005年、『テレビニュースの解剖学——映像時代のメディア・リテラシー』共著、新曜社2008年

小玉　美意子（こだま　みいこ）（第1章）
　武蔵大学名誉教授、BSフジ番組審議会副委員長、日本マスコミュニケーション学会監事
　主要業績：『メジャー・シェア・ケアのメディア・コミュニケーション論』学文社2012年、『ジャーナリズムの女性観』学文社1989年

山下　玲子（やました　れいこ）（第2章）
　武蔵大学社会学部メディア社会学科教授
　主要業績：『アイデンティティと社会意識——私のなかの社会／社会のなかの私』共著、北樹出版、2012年、『産業・組織心理学エッセンシャルズ［改訂三版］』共著、ナカニシヤ出版2011年

永田　浩三（ながた　こうぞう）（第3章）
　武蔵大学社会学部メディア社会学科教授
　主要業績：『NHK、鉄の沈黙は誰のために』柏書房2010年、『テレビはなぜおかしくなったのか』共著、高文研2013年、映画『足尾銅山　光と影』2013年、ドキュメンタリー映画『60万回のトライ』共同プロデュース2014年

奥村　信幸（おくむら　のぶゆき）（第4章）
　武蔵大学社会学部メディア社会学科教授
　主要業績：『キーワードはマルチプラットフォーム——未来のジャーナリズムを担うために必要なこと』NHK放送文化研究所「放送メディア研究」9号『特集　メディア融合時代のジャーナリズムの新しい可能性』（2012年3月）、『「2011年米ニュースメディアの現状」報告から　ニュースが断片化して拡散する　受け手に求められる選別と検証』朝日新聞社「Journalism」257号（2011年9月）

南田　勝也（みなみだ　かつや）（第 5 章）
　武蔵大学社会学部メディア社会学科教授
　主要業績：『オルタナティブロックの社会学』花伝社 2014 年、『デジタルメディアの社会学——問題を発見し、可能性を探る［改訂版］』共編著、北樹出版 2013 年

中橋　雄（なかはし　ゆう）（第 6 章）
　武蔵大学社会学部メディア社会学科教授
　主要業績：『メディアプロデュースの世界』共編著、北樹出版 2013 年、『メディア・リテラシー論——ソーシャルメディア時代のメディア教育』北樹出版 2014 年

アンジェロ・イシ（第 8 章）
　武蔵大学社会学部メディア社会学科教授
　主要業績：『移民研究と多文化共生』共著、御茶の水書房 2011 年、『ブラジルを知るための 56 章』明石書店 2010 年、*Transcultural Japan：At the borderlands of race, gender, and identity*. 共著 Routledge Curzon 2008 年

事項索引

あ 行

アグレゲーター 59
アメリカ国家安全保障局（NSA） 70
アメリカ通信法 46
アラブの春 65
イデオロギー 98-100
イラク戦争 50
インターテクスチュアリティ 98
インターネット広告 100-102
インターネット広告費 92
インターネットCM 101
インフラ 93
ウィキリークス（WikiLeaks） 70
ウェブ広告 101
ウェブ・ファースト 64
ウォークマン 76
エジソン効果 108
エレベーターミュージック 75
エンコーディング 107
「お前はただの現在にすぎない」 53
オルタナティブな公共圏 23

か 行

核家族化 75
過剰結合 6
価値観 90, 100
活字媒体 128
カプセル人間 77
記号表現 99
記者クラブ 8
記事 128
議題設定理論 38
規範 9
9.11事件 123
共視聴 30
口コミ 102, 103
クレヨンしんちゃん 25
クローク型共同体 84
グローバリゼーション 122
グローバル 122
ケア・コミュニケーション 21
ゲートキーピング 66
「現実」の認識 90, 99, 100
原子力発電所 126
言説 97
原爆の絵を市民が描く運動 53
公営放送 45
公共 101
公共放送 56
広告 88
広告研究 95, 97, 104
広告効果 101
広告収入 88, 90
広告主 89
広告費 90, 91
光州民衆抗争 45
公正世界信念 31
購買行動 88, 89, 101
国際化 122
国際通信社 129
国際比較 123
国際報道 131
個人化 73
国境 129
御用学者 35
雇用機会均等法 14

さ 行

サウンドスケープ 72
サザエさん 27
シェア・コミュニケーション 21
私化 73
自国中心主義 128
自己創造型社会 84

139

「『自分以外はバカ』の時代」 35
志村けんのバカ殿様 25
ジャーナリズム 90, 100
社会基盤 104
謝罪 128
受信料 89
主流形成 33
主流の人々 14
情熱格差 124
情報インフラストラクチャー（社会基盤） 100
情報操作 103
新聞協会 38
ステルスマーケティング 103
ステレオタイプ 90, 99, 100
スマート広告 63
性別ステレオタイプ 29
『セプテンバー11』 125
総広告費 91, 92
想像の共同体 128
ソーシャルメディア 102, 103

た　行

ターゲット 100
第五福龍丸 51
第三者効果 35
大本営発表 44
多極真空管 109
正しい報道のヘリの会 45
タレント広告 96
男女共同参画社会基本法 14
チェンジ・ドット・オーグ 55
チャット 100
著作権 97
ツイッター 59
テクスト 98
デコーディング 107
天安門事件 45
転移 99
天才！志村どうぶつ園 27
電子神経網 7

電磁波理論 107
電子メール 100
動画共有サイト 100
投書 127
トーア（Tor） 70
読者投稿欄 126
特定秘密保護法 56
特派員 129
ドラッジレポート 67

な・は行

内容分析 98
ナショナル 128
ナショナル・メディア 129
ニーズ 128
日本PTA全国協議会 24
ネットレーベル 84
ハイパーローカル 63
『はだしのゲン』 54
8時だよ！全員集合 27
ハッシュタグ 60
バナー広告 63, 101
パニック 130
ハフィントン・ポスト 68
パラダイムシフト 104
『ピースフル・トゥモローズ』 50
東日本大震災 123
ビデオジャーナリスト 65
人の移動 122
ピューリッツァー賞 67
標準語 134
フィクション 90
風刺画 122
フェースブック 60
フォークランド戦争 50
福島第一原発事故の報道 44
ブラジル 122
プラットフォーム 57
ブランド 96, 103
ブログ 100

プロパブリカ　67
ペイドリスティング広告　101
方言　134
放送免許更新　55
ポールニプコー　113
ポッドキャスティング　83

　　　ま　行
マーケティング　97
マイノリティ　14
「マスゴミ」　43
マスコミ4媒体　92
マスメディア　88
マッカーシズム　48
民主主義　90
メール広告　101
メールマガジン広告　101
メジャー・コミュニケーション　16
めちゃ×2 イケてるッ！　25
メディアテクノロジー　106
メディアの相対化　8
モバイル広告　101

　　　や・ら・わ行
吉田秀雄記念事業財団　95
ライフスタイル　93, 100
リコメンド機能　102
リツイート　60
リトアニアでの虐殺　52
流通　128

流通経路　102
流動化社会　73
ローカル　123
ローカル意識　128
炉辺談話　47
ロンドンハーツ　25
ワースト番組　27
ワイヤレス　45

ATP（日本テレビ番組製作者連盟）　17
BBCの従軍報道　50
CF　98
CI（Corporate Identity）　96
CM　98
CPI（Center for Public Integrity）　67
CSR（Corporate Social Responsibility）　94
EPIC2014　68
FCC（アメリカ合衆国連邦通信委員会）　48
GCN（Gender and Communication Network）　14
Globo　133
iPhone　85
iPod　78
IWMF（International Women's Media Foundation）　14
PR　94
See It Now　49
SEM（Search Engine Marketing）　101
SNS　100
Twitter　85
Ustream　85

人名索引

あ・か行

アサンジ，ジュリアン 70
新井直之 23
アロンソン，S. H. 4
安藤博 109
オング 114
ガーブナー 33
クリステヴァ，ジュリア 98
コンラッド，フランク 111

さ・た・な行

シェーファー，マリー 76
ジンメル，ゲオルク 82
スノーデン，エドワード 70
大門真也 75
ダヴィドウ 6
デイヴィソン 35
ドゥ・フォレスト 109

鳥越けい子 76
中野収 77

は・ま・や・ら行

バウマン，Z. 73
林香里 21
日高良祐 85
ブル，M. 81
フレミング 109
ベック，U. 74
細川周平 77
マクルーアン，M. 113
松下幸之助 110
マロー，エド 49
モールス，サミュエル 107
吉岡忍 35
ロジャース 3

叢書 現代の社会学とメディア研究 第4巻
マスコミュニケーションの新時代

2014年4月25日 初版第1刷発行

編著者 小田原 敏
アンジェロ・イシ

発行者 木村 哲也

印刷 中央印刷／製本 川島製本

発行所 株式会社 北樹出版
〒153-0061 東京都目黒区中目黒1-2-6
電話(03)3715-1525(代表) FAX(03)5720-1488

© Satoshi Odawara & Angelo Ishi 2014, Printed in Japan
ISBN 978-4-7793-0422-4 （落丁・乱丁の場合はお取り替えします）